Wiebke Schröder

DAS GROSSE BUCH ÜBER CHRISTBAUM-SCHMUCK

Wunderschöne Anhänger
aus Papier, Modelliermasse, Holz und Co.

CV

VORWORT

Wie kaum eine andere Jahreszeit weckt der Advent die Kreativität in uns. Was gibt es Schöneres, als es sich mit einer Tasse Kakao und selbstgebackenen Keksen gemütlich zu machen und Weihnachtsdekoration zu basteln?

Mit den insgesamt 28 Schmuckprojekten für den Christbaum möchte ich dir zeigen, dass weihnachtliche Deko nicht zwangsläufig in den klassischen Weihnachtsfarben daherkommen muss.

Ob aus Buchseiten, Filz, Holz, Modelliermasse oder Wolle – gerade die vielschichtigen Materialkombinationen machen Lust auf das Umsetzen neuer Bastelideen.

Zudem findest du einige Projekte, für die ich Materialien wiederverwendet habe, die ansonsten oft im Haushaltsmüll landen.

Mit einer großen Portion Detailliebe habe ich eine bunte Vielzahl an originellen und festlichen Dekorationen für den Weihnachtsbaum in diesem Buch zusammengestellt.

Ich wünsche dir ganz viel Freude beim Entdecken und Kreativsein.

deine
Wiebke

MATERIAL UND TIPPS

Für die Umsetzung der Projekte bedarf es keiner besonderen Ausstattung. Die von mir verwendeten Materialien sind eine Inspiration für die einzelnen Bastelprojekte und können nach Belieben ersetzt oder ausgetauscht werden. Ein Blick in die Restekiste kann fast vergessene Schätze wieder zum Vorschein bringen. Oft lassen sich daraus ganz neue Varianten erschaffen, die zu wahren Lieblingsstücken werden können.

Wenn du regelmäßig neue Ideen und Inspirationen zum Basteln und Selbermachen suchst, folge mir gerne auf Instagram.

www.instagram.com/wiebkeliebt

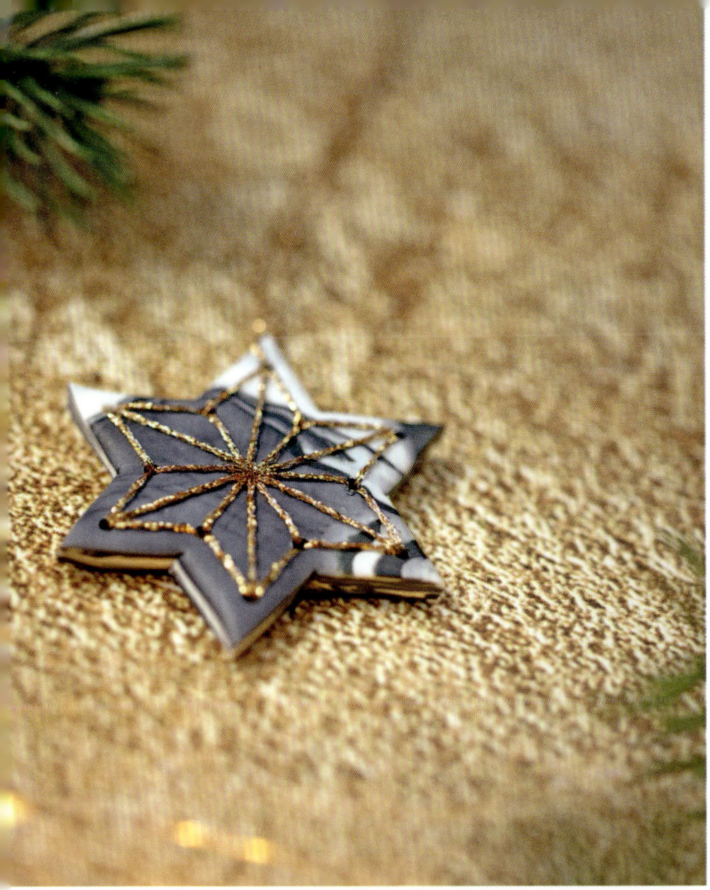
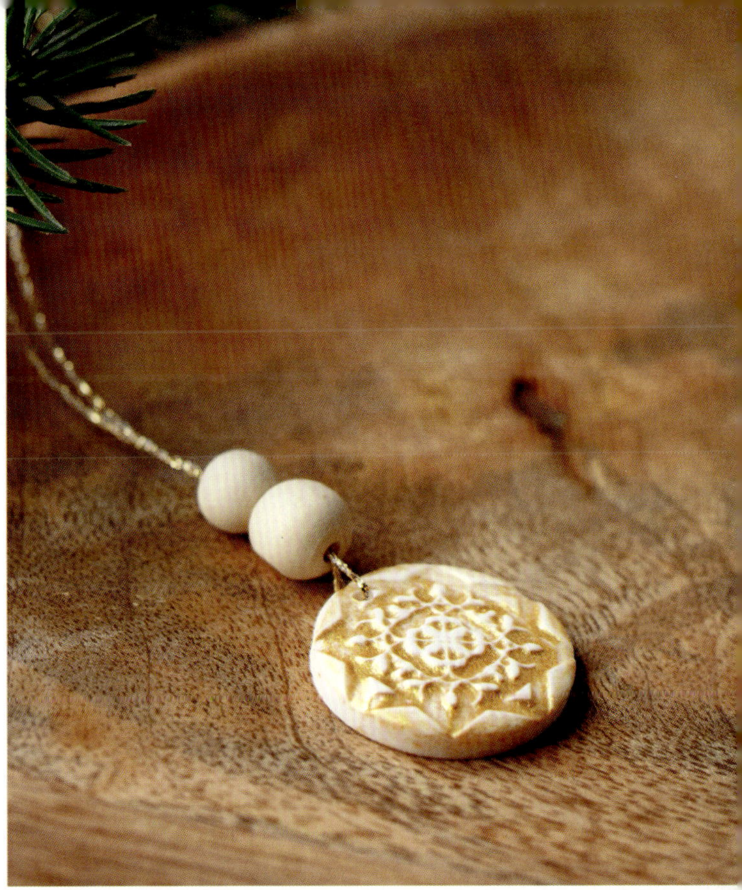
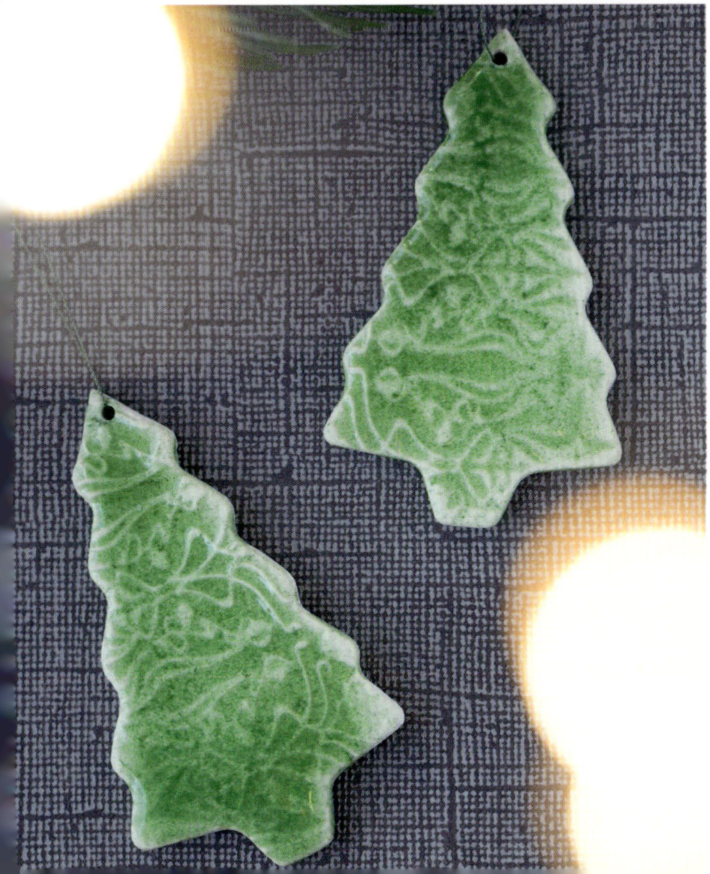
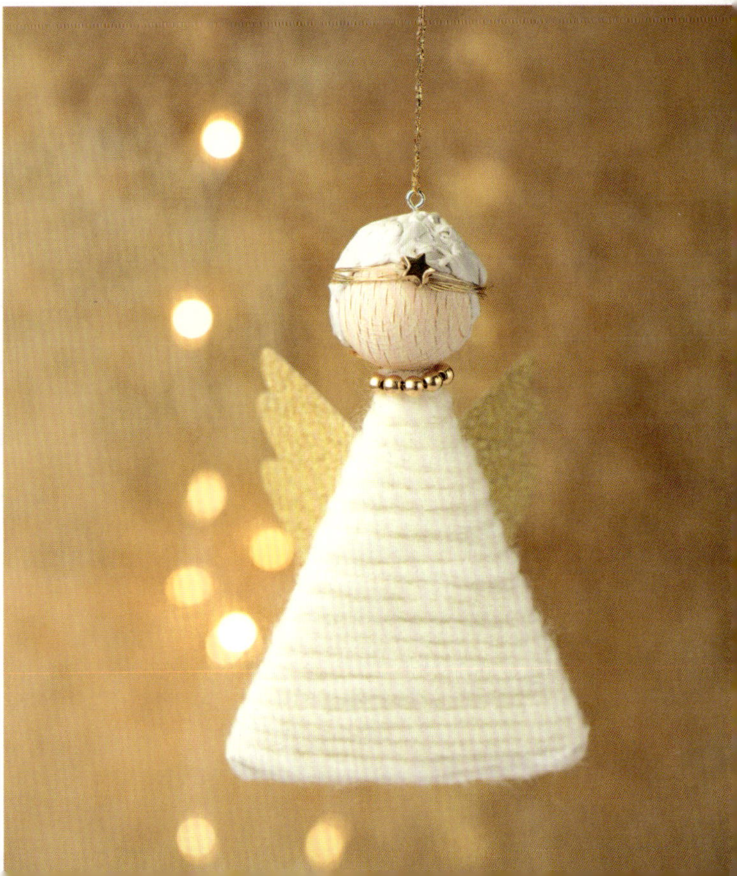

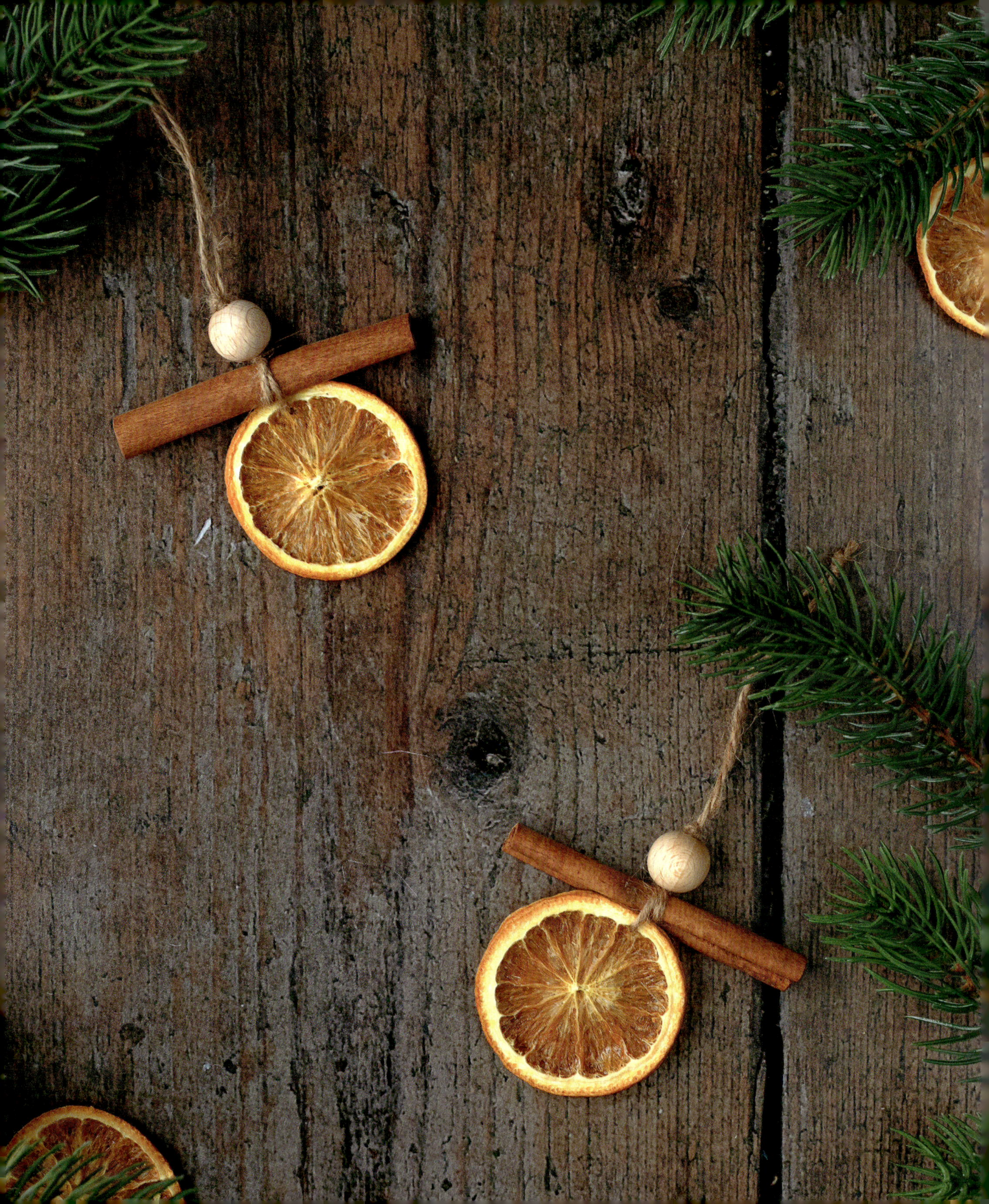

INHALT

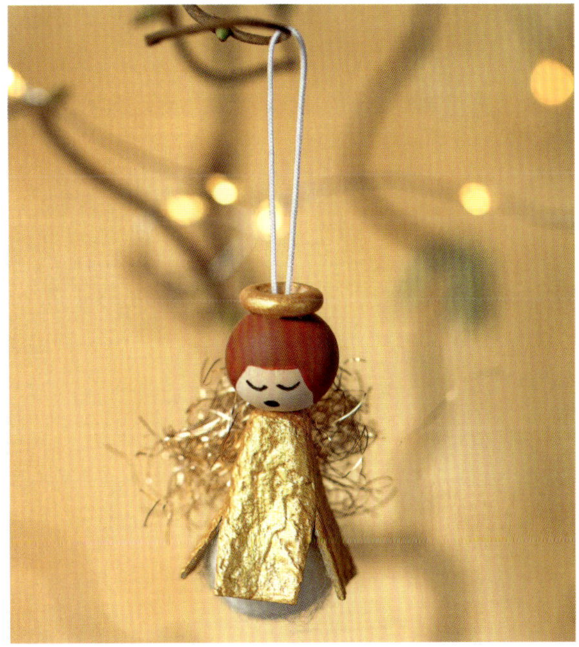

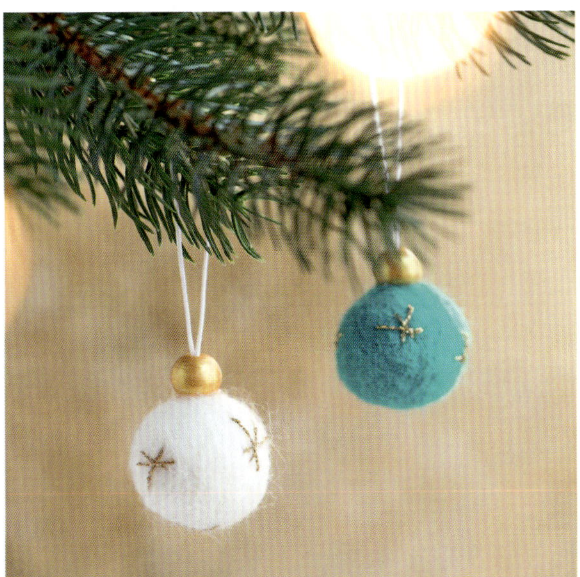

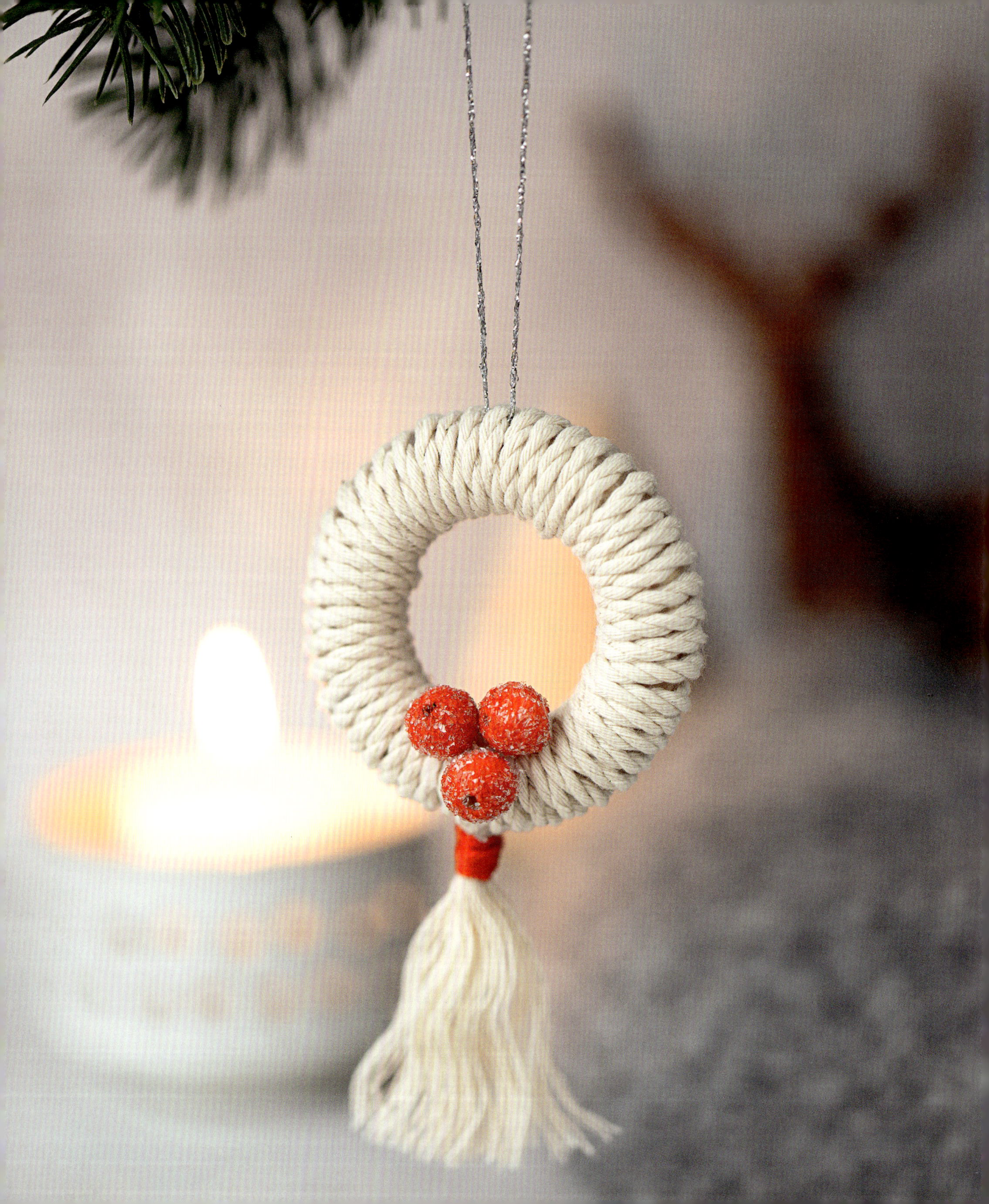

RUNDES MAKRAMEE-ORNAMENT

Christbaumschmuck geht nicht nur glänzend in Rot und Gold. Naturmaterialien bringen eine große Portion Behaglichkeit ins Haus. Das runde Ornament lässt sich wunderbar im natürlichen Look gestalten und ist eine stilvolle Dekoration mit Hygge-Charme.

DAS BRAUCHST DU

1 Holzring natur, Ø 55 mm
(Rico Design – idee. Creativmarkt)
3 Holzperlen, Ø 10 mm
(Rico Design – idee. Creativmarkt)
Acryl Glanzfarbe in Rot (Kreul)
Deko Ice-kristall (efco – idee. Creativmarkt)
Holzstäbchen
Streifen Washi Tape
2,20 m Makramee-Garn, 3 mm gezwirnt, in Natur
(Rico Design – idee. Creativmarkt)
20 cm metallisches Garn zum Aufhängen
25 cm Wolle in Rot
Heißkleber (Rico Design – idee. Creativmarkt)
Wollnadel
Bürste
Pinsel
Schere

SO WIRD'S GEMACHT

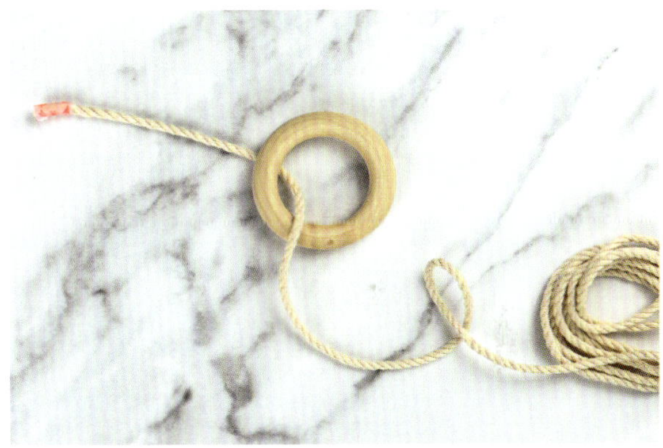

1 Lege den Ring auf das Garn mit einem Überstand von 10 cm. Tipp: Klebe einen Streifen Washi Tape um die Garnenden, um ein übermäßiges Aufdröseln zu verhindern.

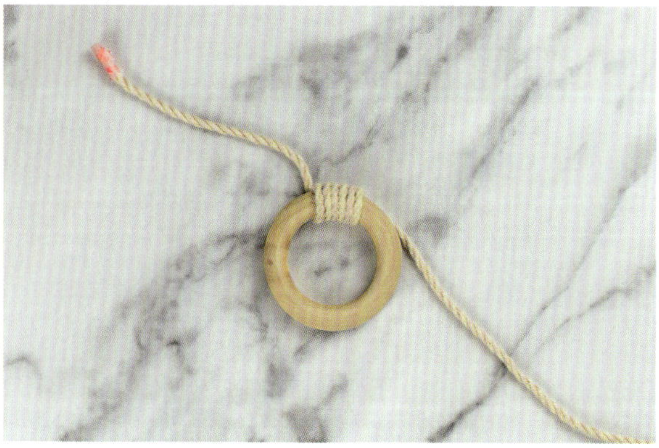

2 Fixiere das Makramee-Garn Stück für Stück reihum mit Heißkleber am Holzring. Versuche das Garn schön eng und gleichmäßig um den Holzring zu legen.

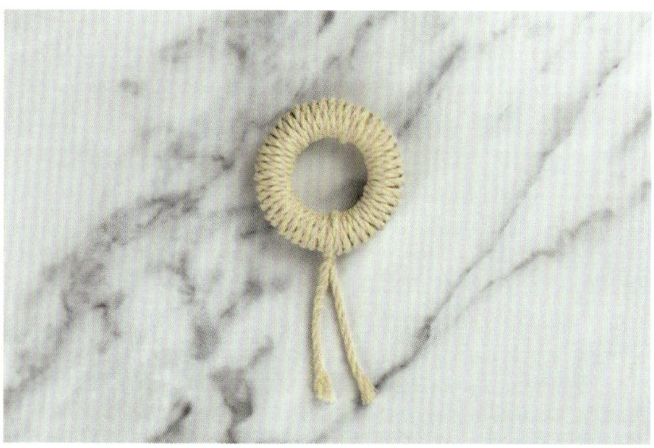

3 Arbeite mit dem Heißkleber in kleinen Etappen stetig voran, bis du den Ring einmal komplett bedeckt hast.

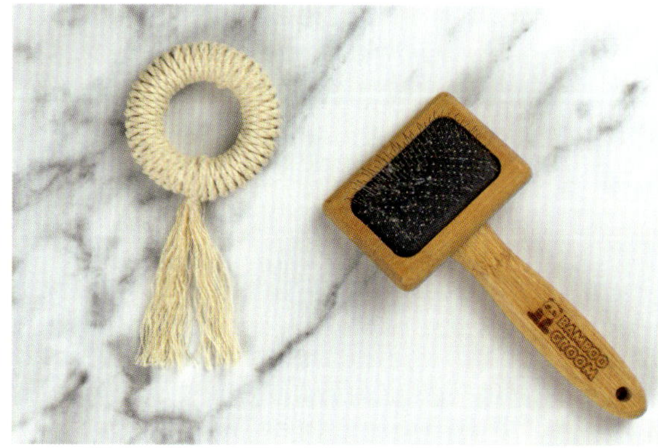

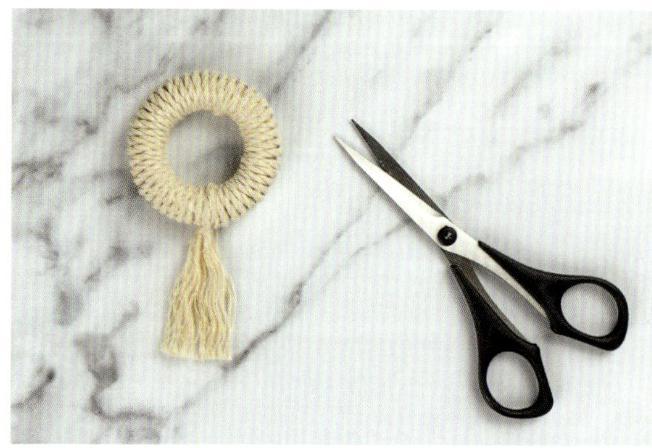

4 Bürste die beiden Stränge sorgfältig auf und kürze sie auf eine Länge.

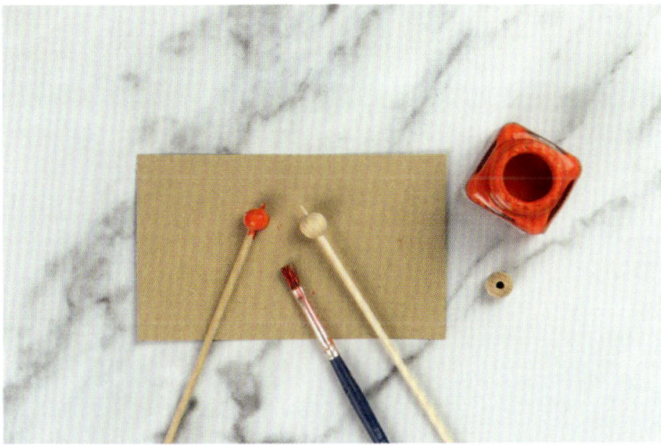

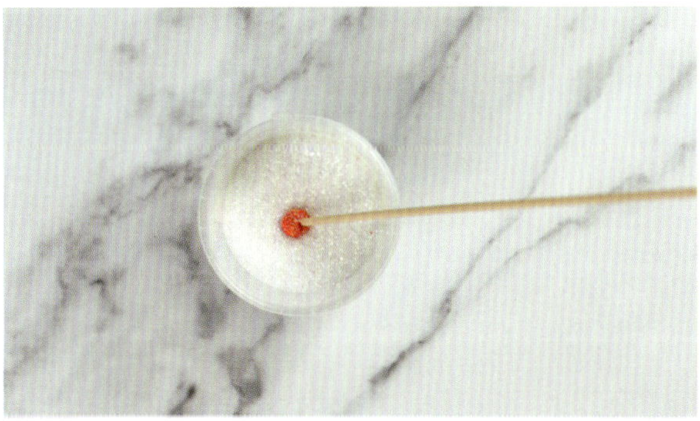

5 Male die Holzperlen mit der roten Acrylfarbe rundum flächig an und tunke sie anschließend in das Deko Ice. Die Ice Partikel bleiben an der feuchten Farbe kleben und die Holzperlen bekommen so einen gefrosteten Beeren-Look.

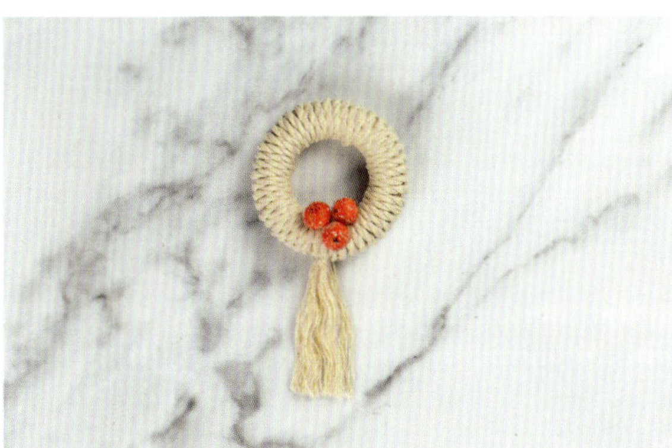

6 Fixiere die drei Holzperlen mit Heißkleber am Ring.

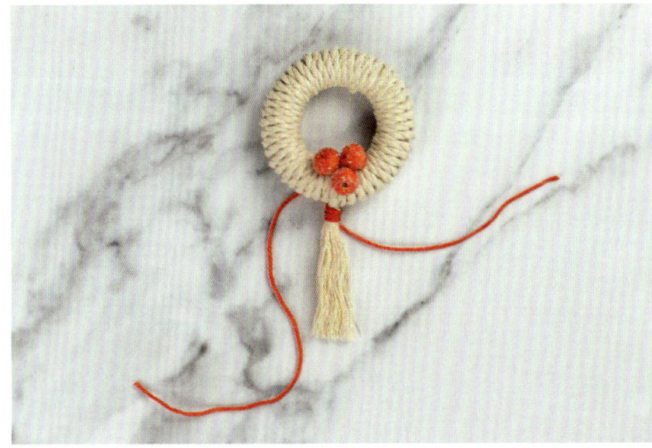

7 Mit dem roten Wollfaden umwickelst du die aufgebürsteten Stränge unterhalb des Ringes. Ziehe den Anfang und das Ende der Fäden unter den umwickelten Bereich.

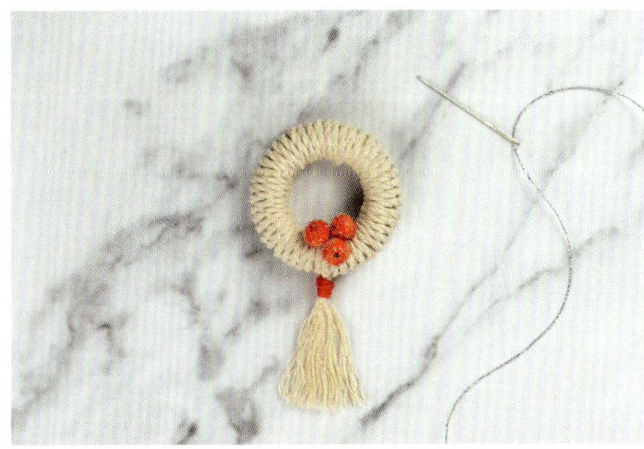

8 Für die Aufhängung ziehst du ein Stück metallisches Garn mit einer Nadel mittig durch die Oberseite des ummantelten Ringes und verknotest beide Enden miteinander.

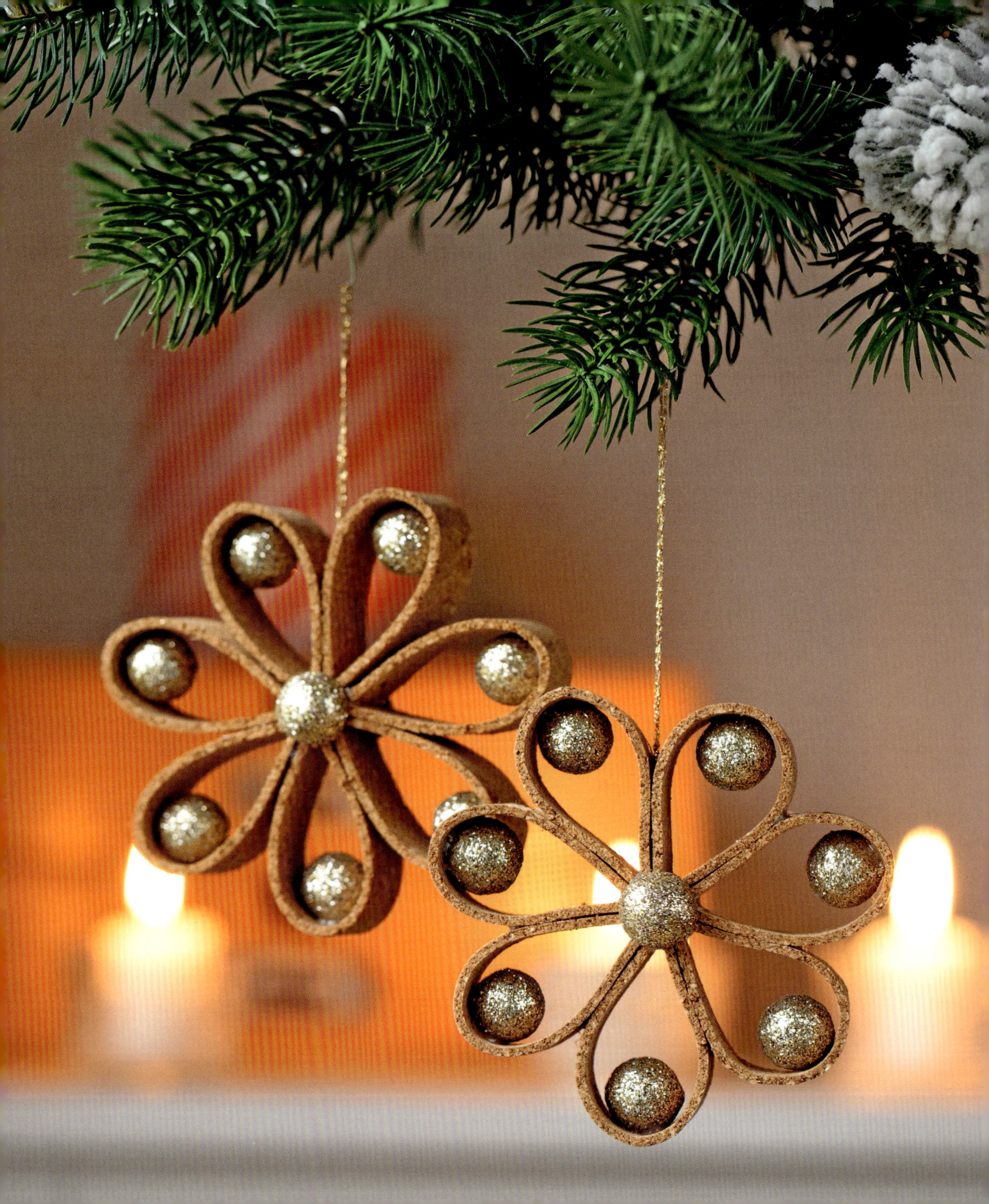

WEIHNACHTSSTERNE AUS KORK

Ein Weihnachtsstern aus Kork, der ganz ohne Ecken auskommt. Naturmaterial trifft Glitzer – ein wahrer Hingucker zwischen den grünen Tannenzweigen.

DAS BRAUCHST DU

Korkplatte 2 mm, DIN A4 (Rico Design – idee. Creativmarkt)
8 Deko-Glitterkugeln in Gold, Ø 15 mm (Rico Design – idee. Creativmarkt)
20 cm metallischer Twist
Heißkleber (Rico Design – idee. Creativmarkt)
Lineal
Stift
Schere
scharfes Messer und Unterlage

SO WIRD'S GEMACHT

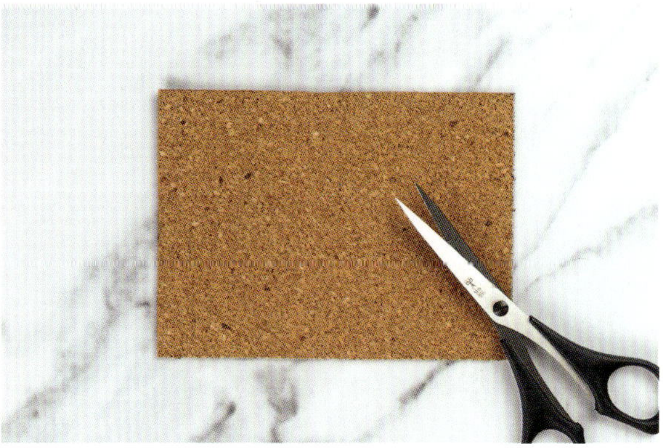

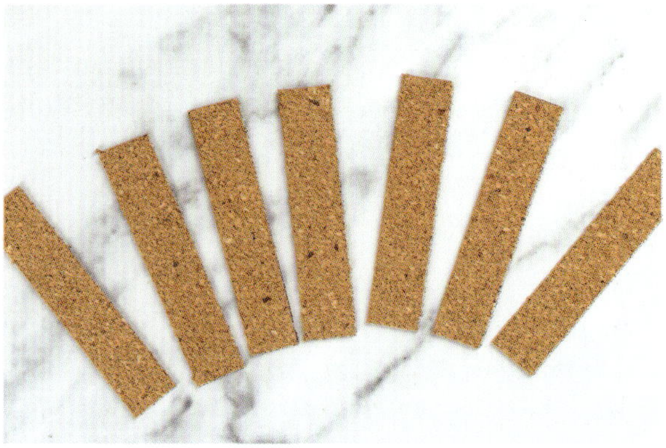

1 Schneide sieben Streifen in der Größe von 10 x 2 cm aus der Korkplatte zurecht.

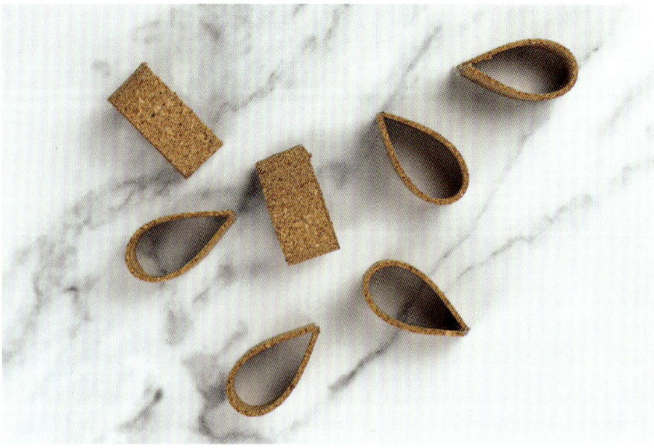

2 Führe Anfang und Ende der Streifen jeweils zueinander und fixiere sie mit Heißkleber.

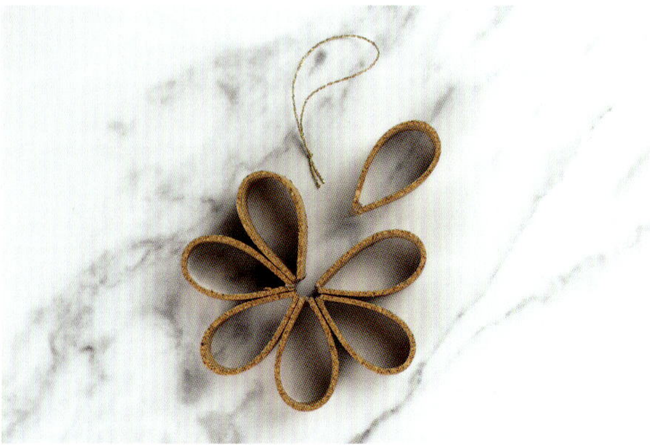

3 Setze nun die sieben Teile mit Heißkleber zusammen. Füge vor dem Schließen des Kreises eine Schlaufe zum Aufhängen hinzu.

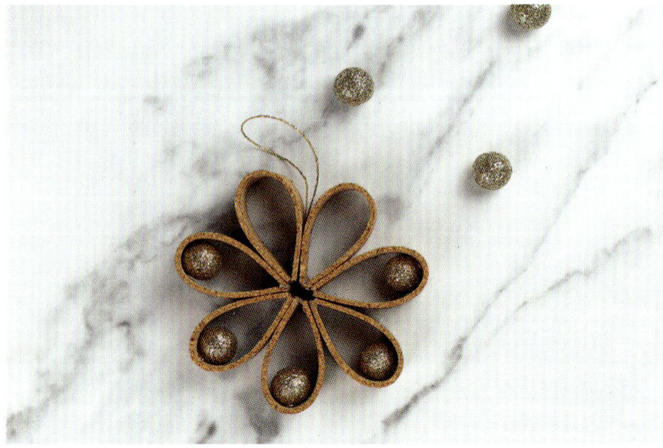

4 Klebe in jede der sieben Rundungen eine Deko-Glitterkugel fest.

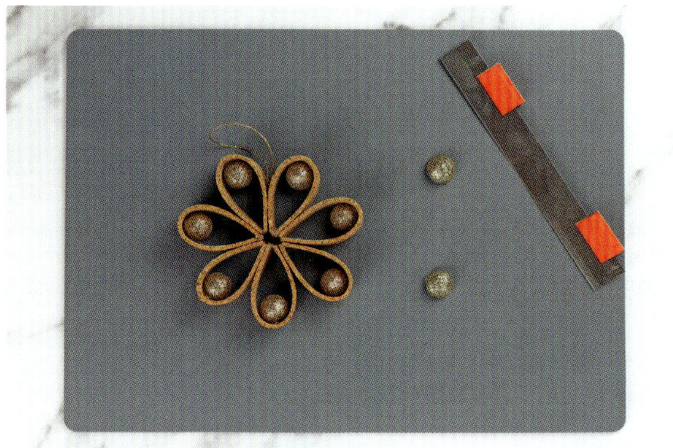

5 Die achte Kugel teilst du mit einem scharfen Messer in der Mitte.

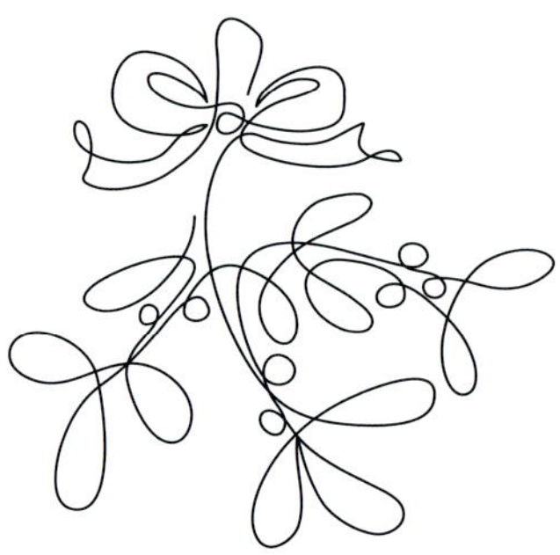

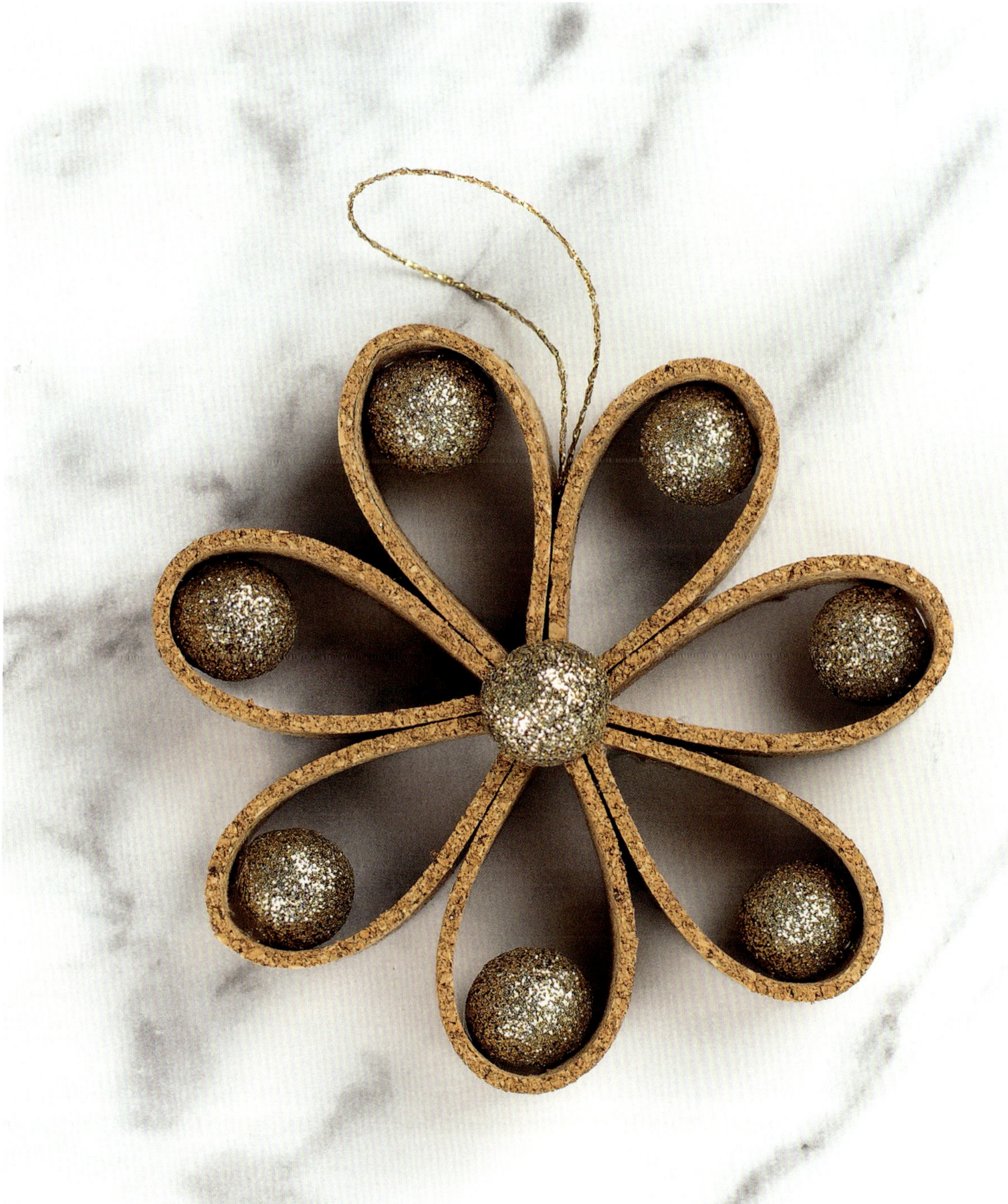

6 Klebe die beiden Halbkugeln jeweils in der Mitte auf der Vorder- und Rückseite mit Heißkleber fest.

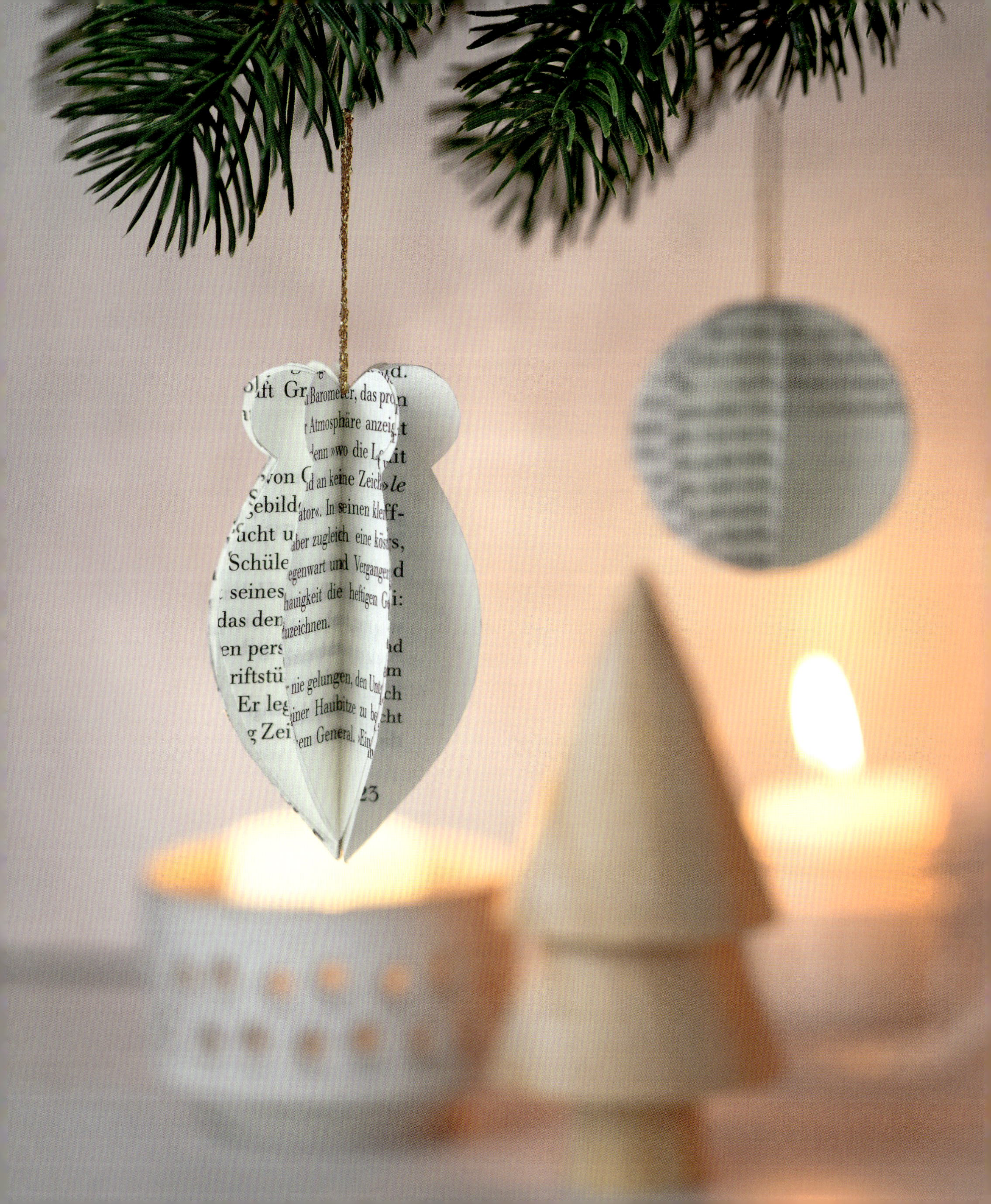

3D-ANHÄNGER AUS ALTEN BUCHSEITEN

Die 3D-Anhänger sind eine schöne Upcycling-Bastelidee, die sich mit verschiedenen Papieren umsetzen lässt. Da wird der angestaubte Schmöker zum modernen Hingucker.

DAS BRAUCHST DU

Buchseiten
Vorlage 1 (siehe S. 120)
20 cm metallischer Twist
Klammern zum Fixieren
Falzbein
Schere
Bleistift
Klebestift (UHU – idee. Creativmarkt)

SO WIRD'S GEMACHT

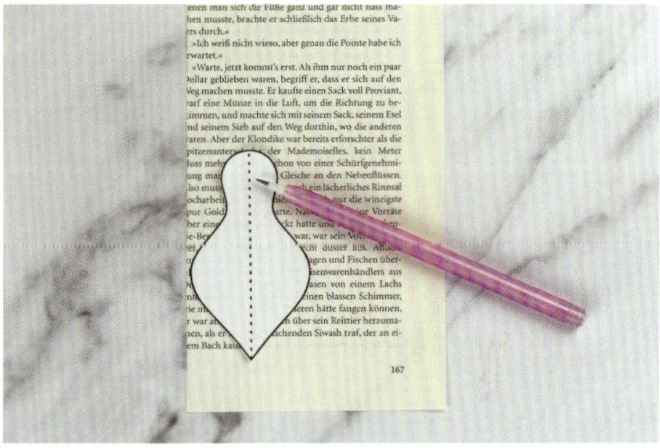

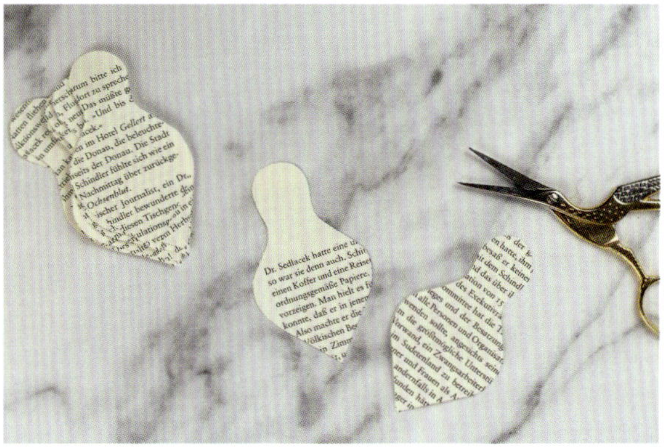

1 Schneide für einen 3D-Anhänger mit Hilfe der Vorlage zehn Teile zurecht.

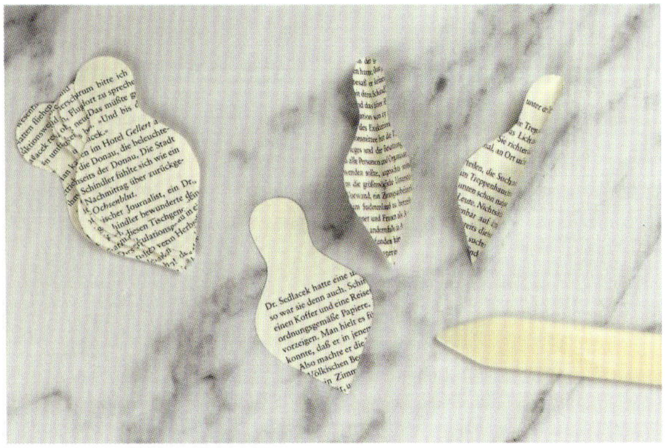

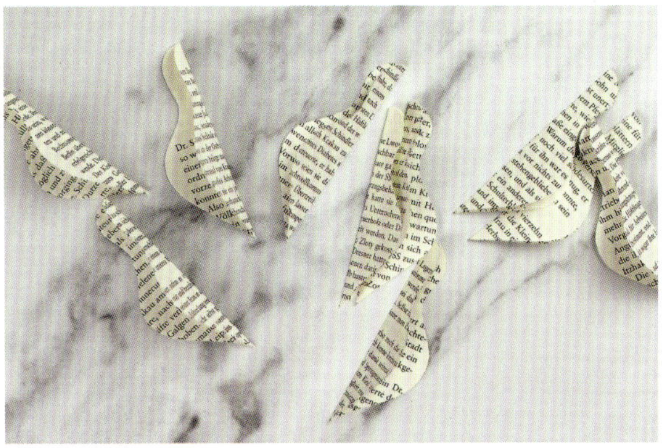

2 Falte alle Teile in der Mitte.

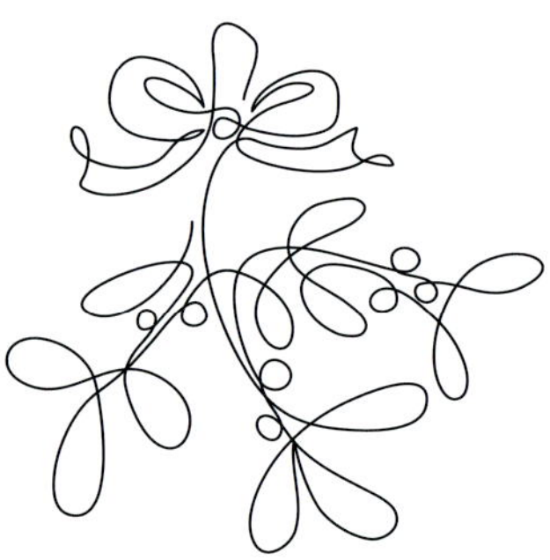

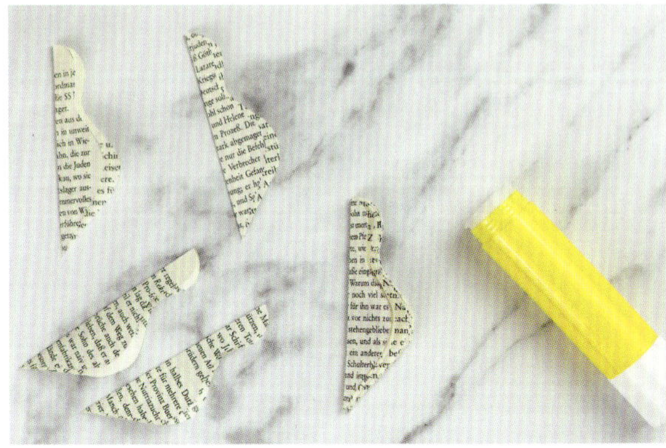

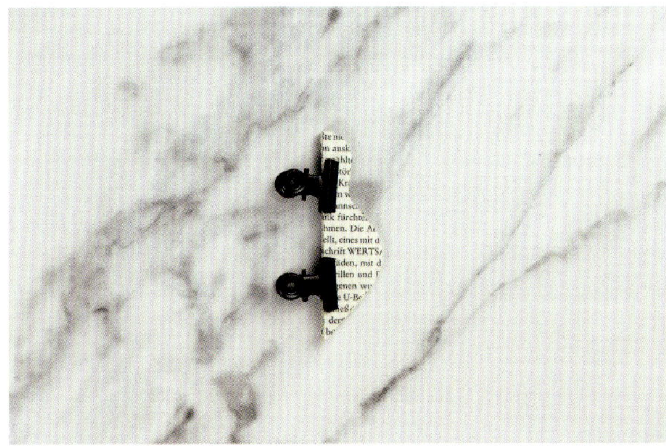

3 Klebe die zehn Teile allesamt mit dem Klebestift aneinander. Setze optional zwei Klammern für die Trocknungszeit an.

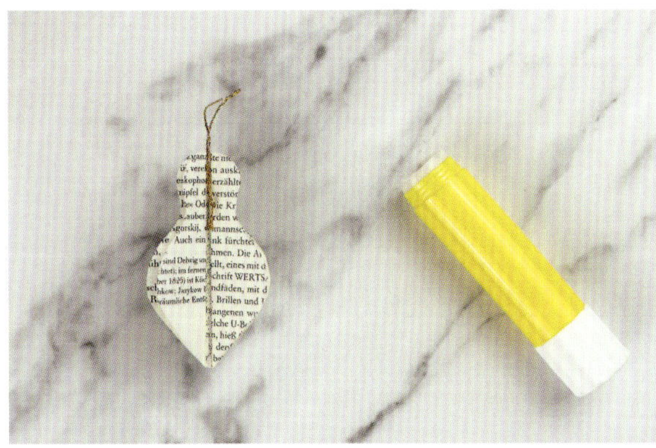

4 Füge vor dem Schließen des Kreises eine Schlaufe zum Aufhängen hinzu.

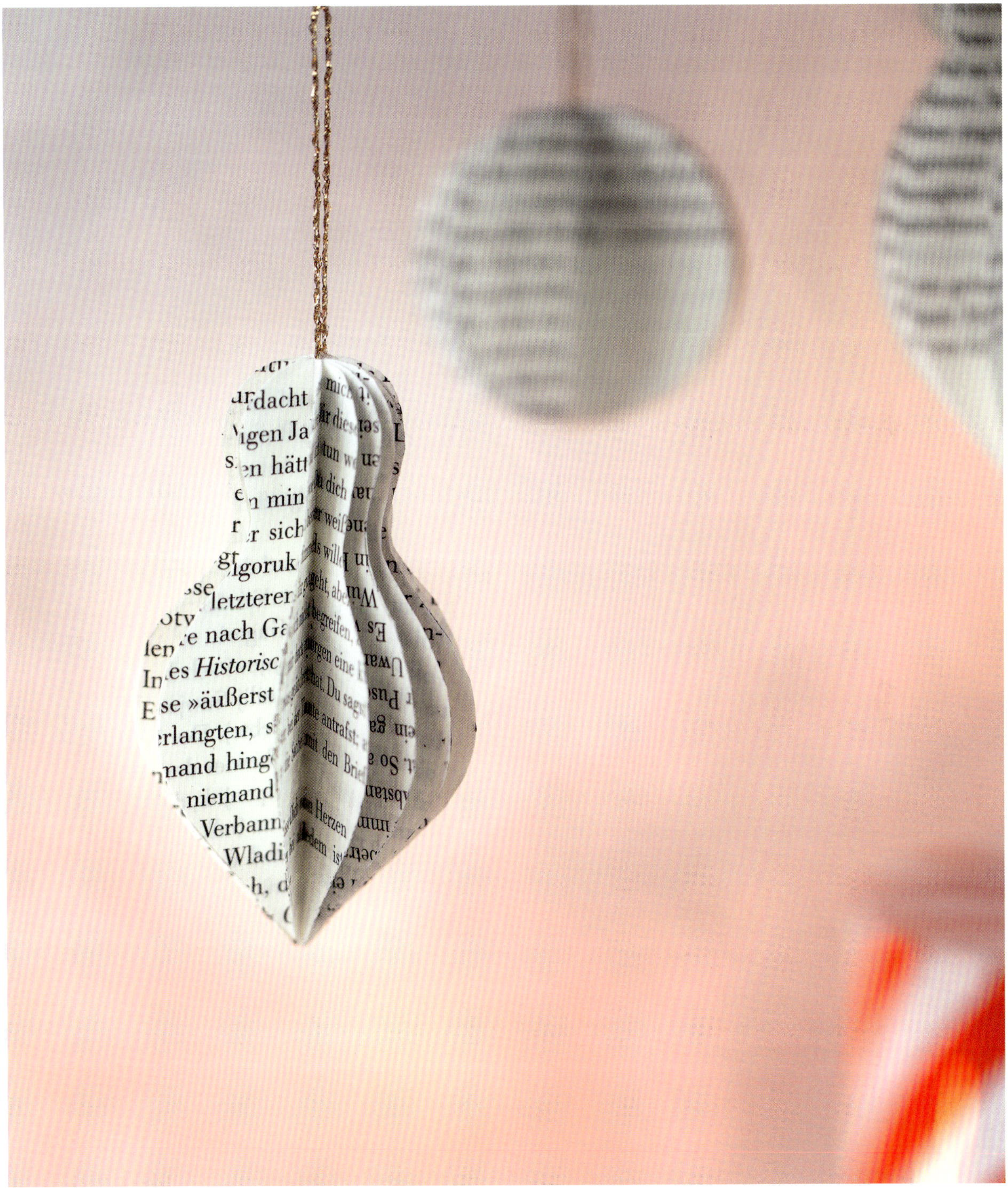

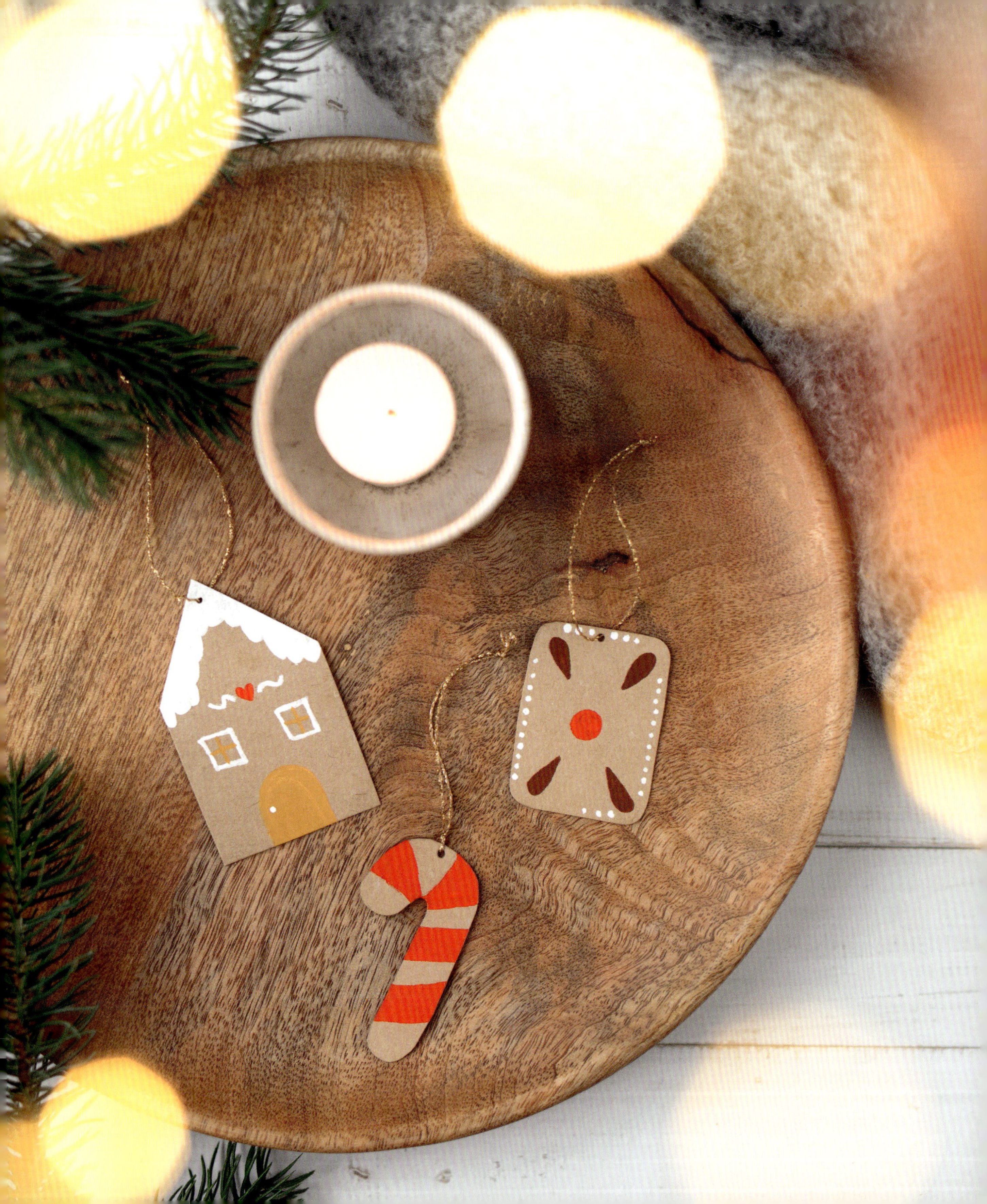

UPCYCLING-ANHÄNGER AUS MILCHTÜTEN

Das kommt mir nicht in die Tüte – aber an den Baum! Aus Milchtüten lassen sich wundervolle Anhänger in angesagtem Kraftpapierlook basteln und nach Herzenslust bemalen.

DAS BRAUCHST DU

Vorlage 2 (siehe S. 121)
Milchtüte
Chalky Kreidefarbe in Snow White (Kreul)
Acryl Glanzfarbe in Rot (Kreul)
Acryl Mattfarbe in Ocker (Kreul)
Acryl Mattfarbe in Rehbraun (Kreul)
Schere
Stift
Klebestift (UHU – idee. Creativmarkt)
Pinsel
Lochstanze oder Nadel

SO WIRD'S GEMACHT

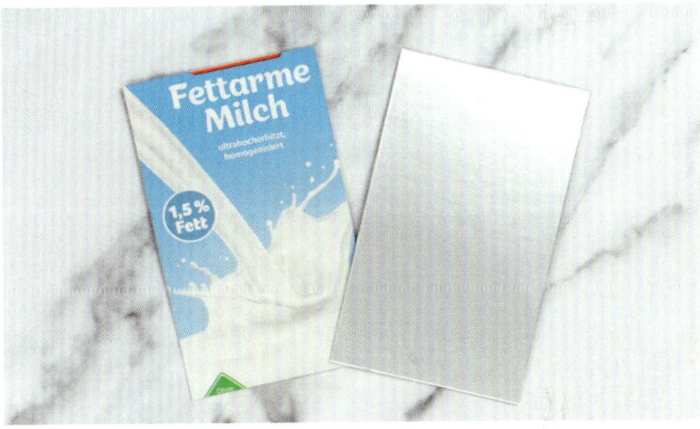

1 Schneide die Milchtüte der Länge nach auf und dann die Vorder- und Rückseite heraus.

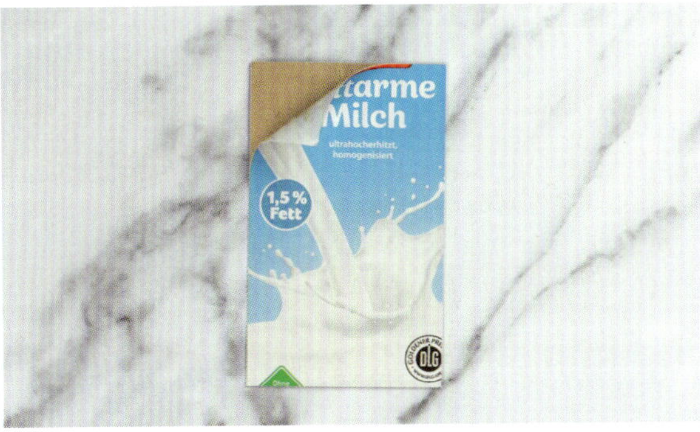

2 Entferne die bedruckte Außenschicht der Verpackung; beginne am besten an einer Ecke.

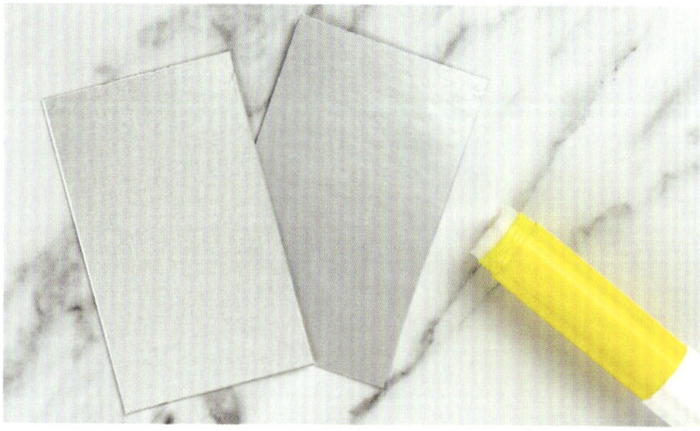

3 Klebe die beiden Teile mit der silbernen Seite zueinander zusammen. So erhältst du eine stabile Basis, mit beiden Seiten im Kraftpapier-Look. Tipp: Wenn du keinen Kleber verwenden möchtest, kannst du die beiden Lagen auch zusammenbügeln.

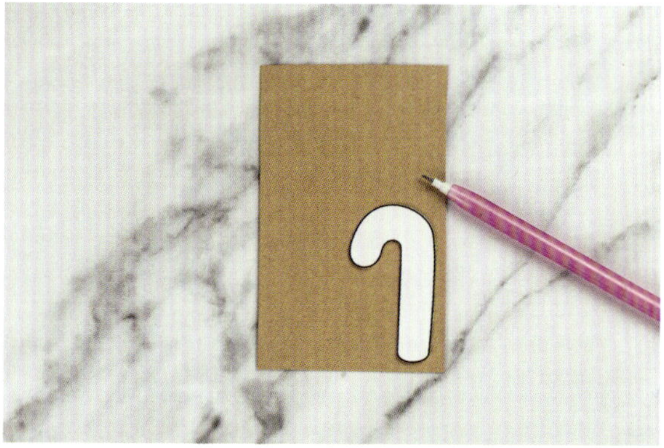

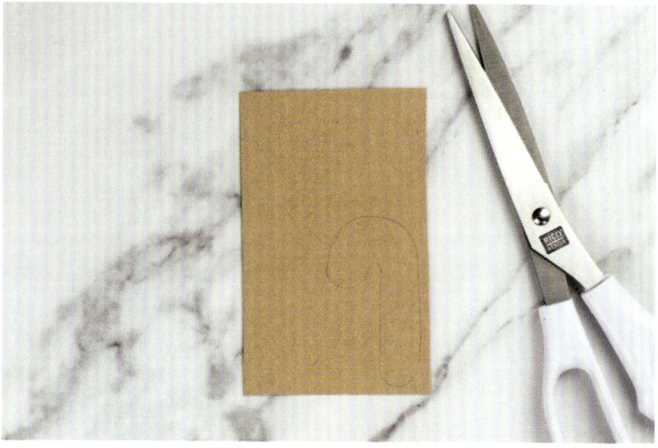

4 Schneide die Anhänger mit Hilfe der Vorlagen aus.

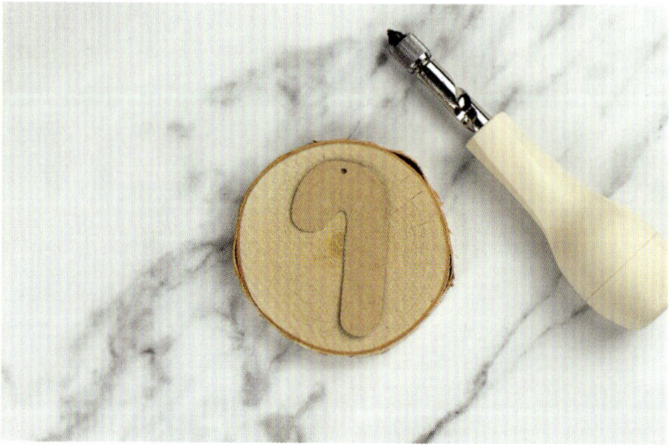

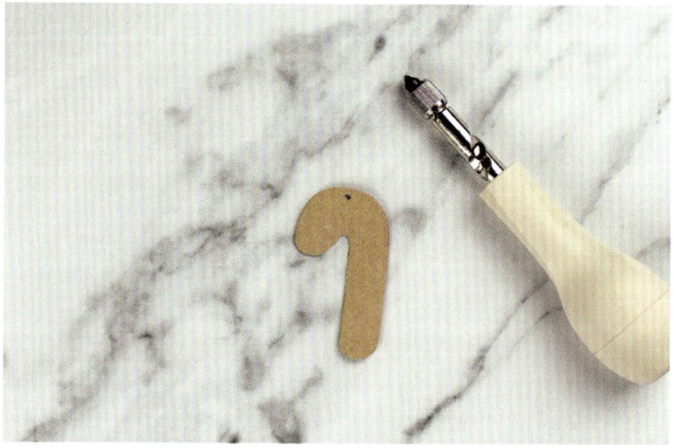

5 Stanze ein Loch für die Aufhängung in die Milchtüten-Anhänger.

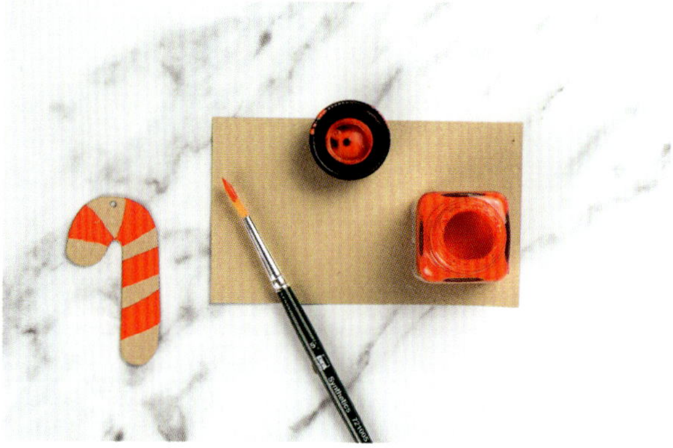

6 Mit den unterschiedlichen Farben kannst du die Anhänger nach deinen Vorstellungen verzieren.

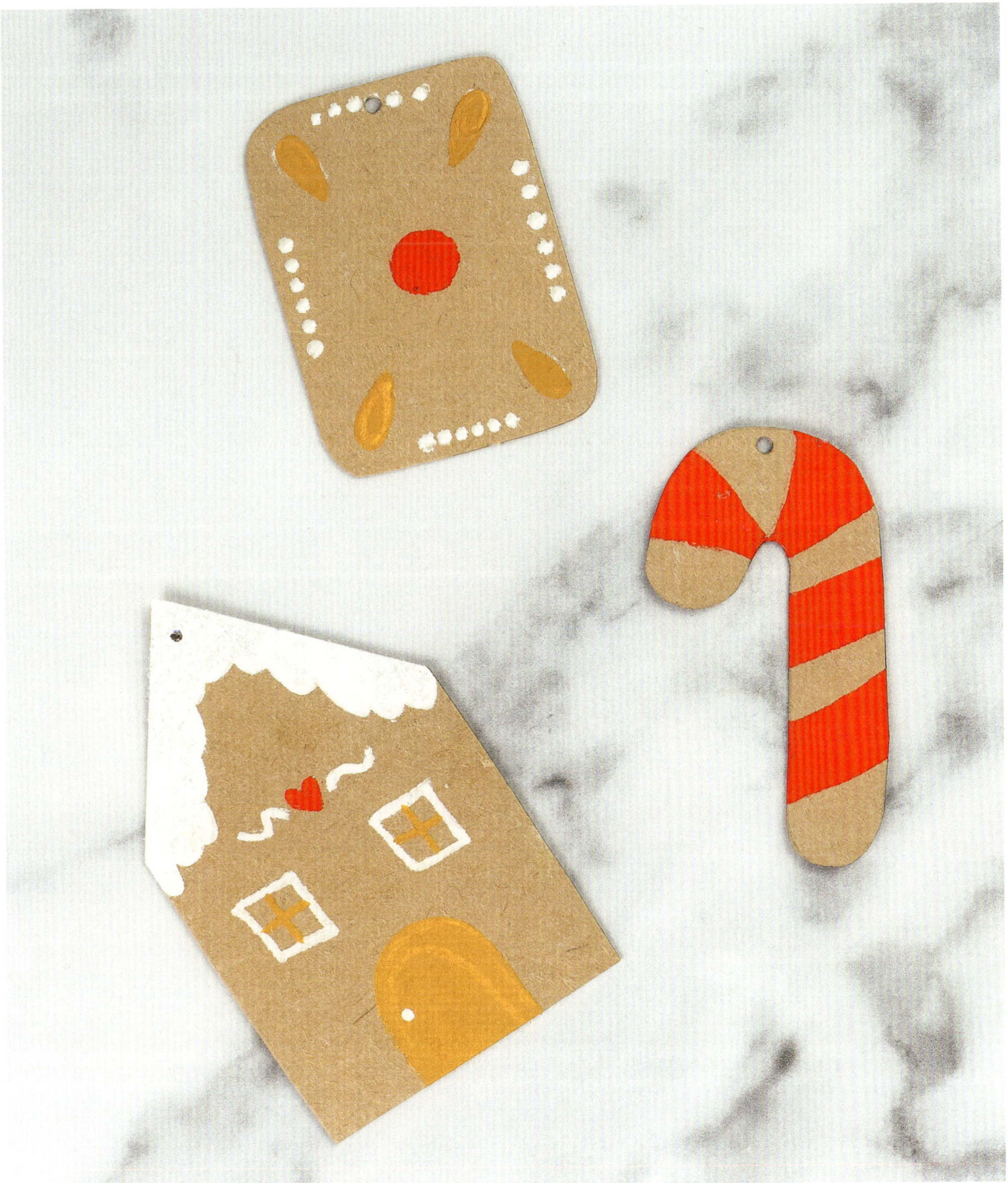

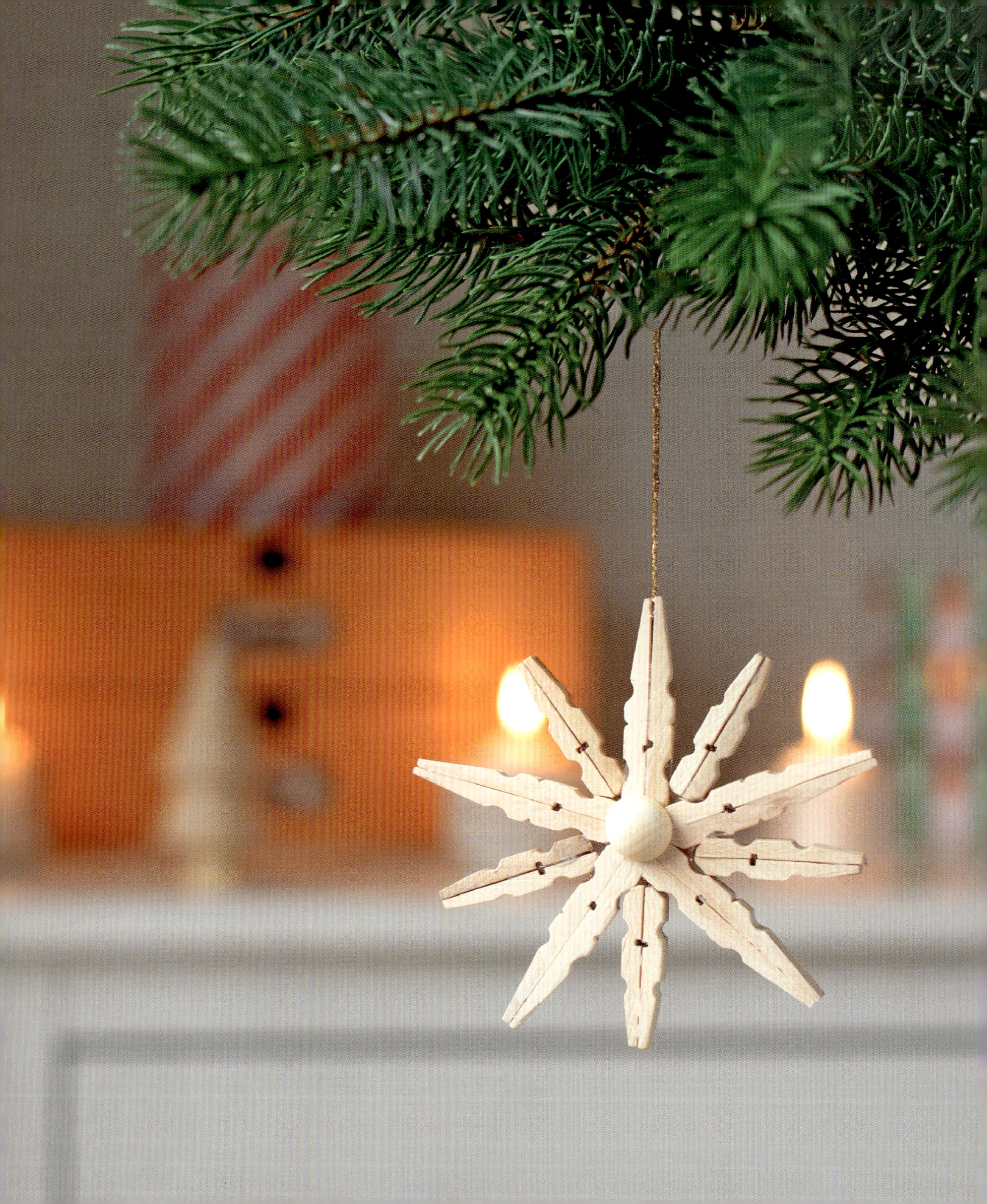

STERNE AUS HOLZKLAMMERN

Sterne sind wahre Klassiker, wenn es um festlichen Weihnachtsschmuck geht. Aus Holzklammern sind sie eine nordisch-minimalistische Dekoration, die auch nach den Festtagen noch ein wenig länger bleiben darf.

DAS BRAUCHST DU

5 Holzklammern, 5 cm
5 Holzklammern, 3,5 cm (Rico Design – idee. Creativmarkt)
2 Holzhalbkugeln, Ø 15 mm (Rico Design – idee. Creativmarkt)
20 cm metallischer Twist
Heißkleber (Rico Design – idee. Creativmarkt)
Schere

SO WIRD'S GEMACHT

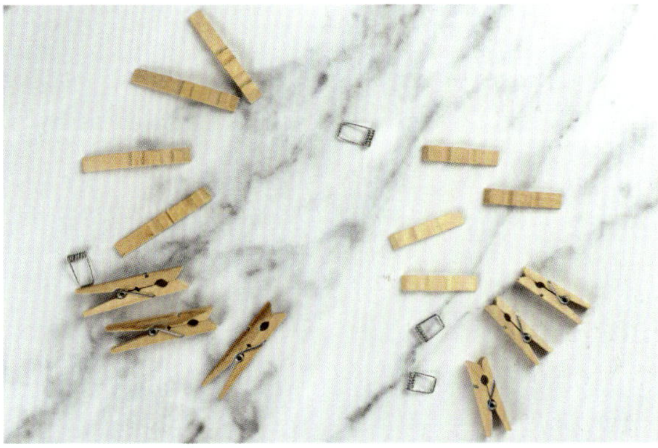

1 Nehme alle Klammern auseinander, die Federn brauchst du nicht.

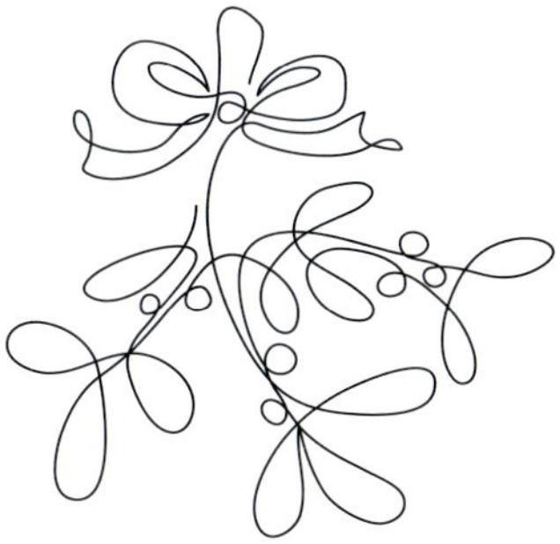

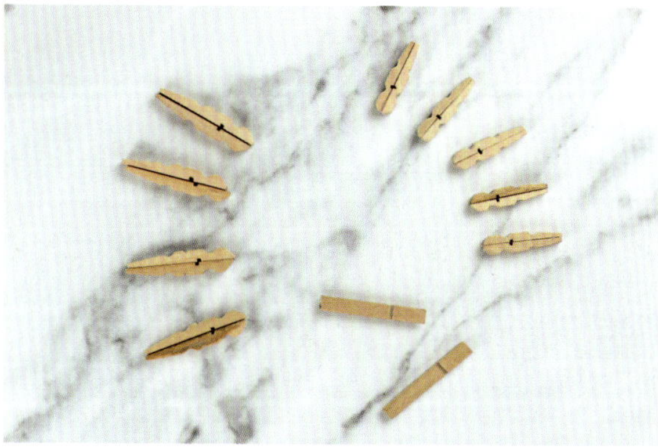

2 Klebe alle Teile paarweise mit der Rückseite bündig aneinander. Tipp: Für die Aufhängung kannst du den metallischen Twist am besten jetzt schon zwischen zwei großen Klammerteilen festkleben.

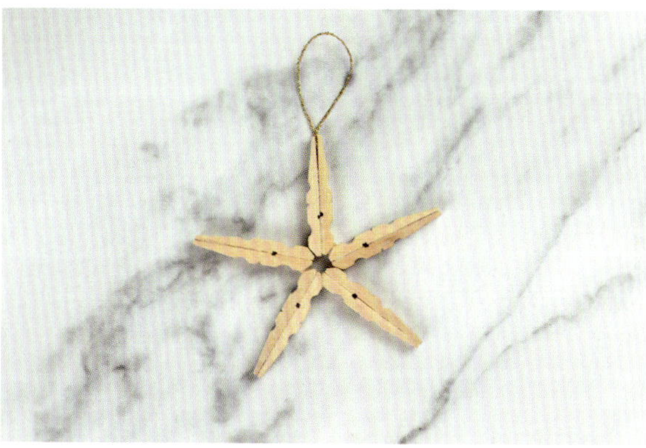

3 Beginne mit den großen Klammern und klebe diese in Sternenform zusammen.

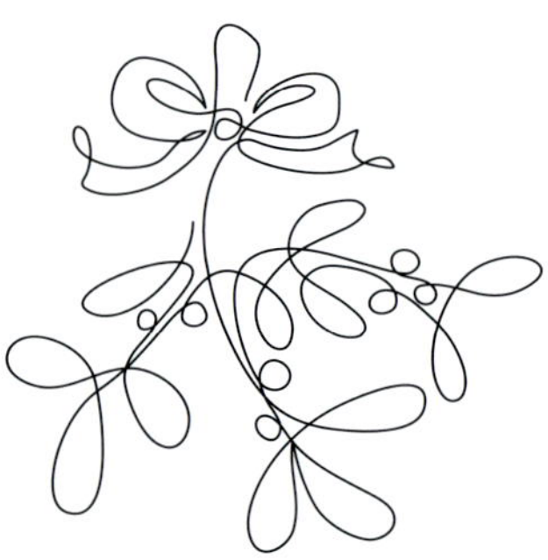

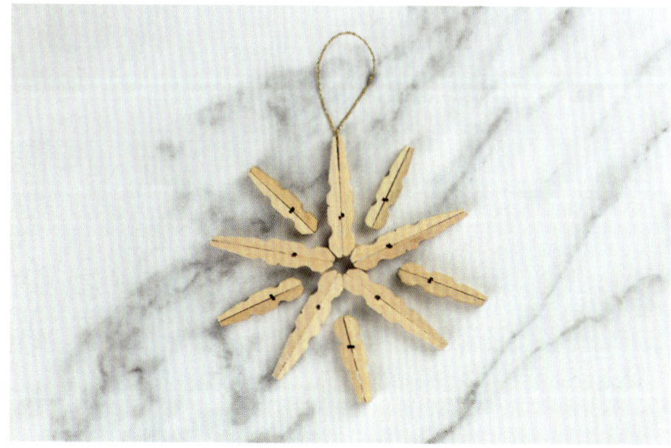

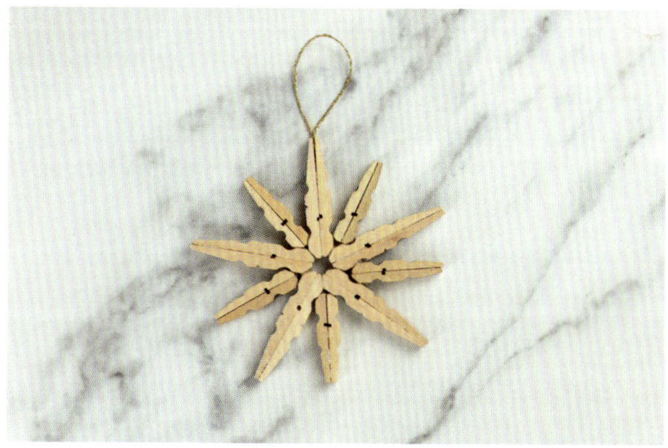

4 Setze nun die kleinen Klammern in die Zwischenräume und klebe sie mit Heißkleber fest.

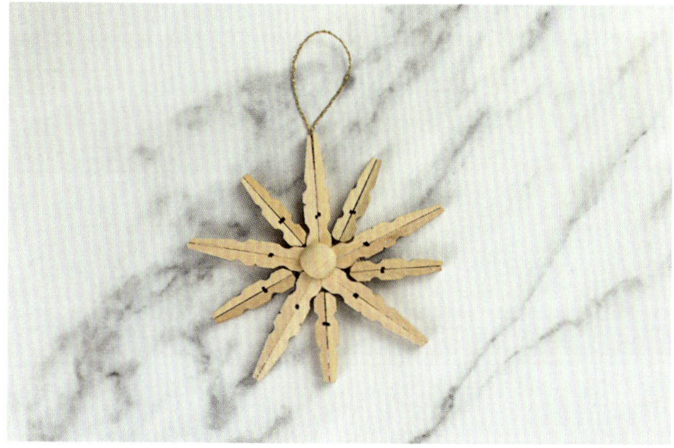

5 Klebe die beiden Holzhalbkugeln in die die Mitte des Sternes auf der Vorder- und Rückseite.

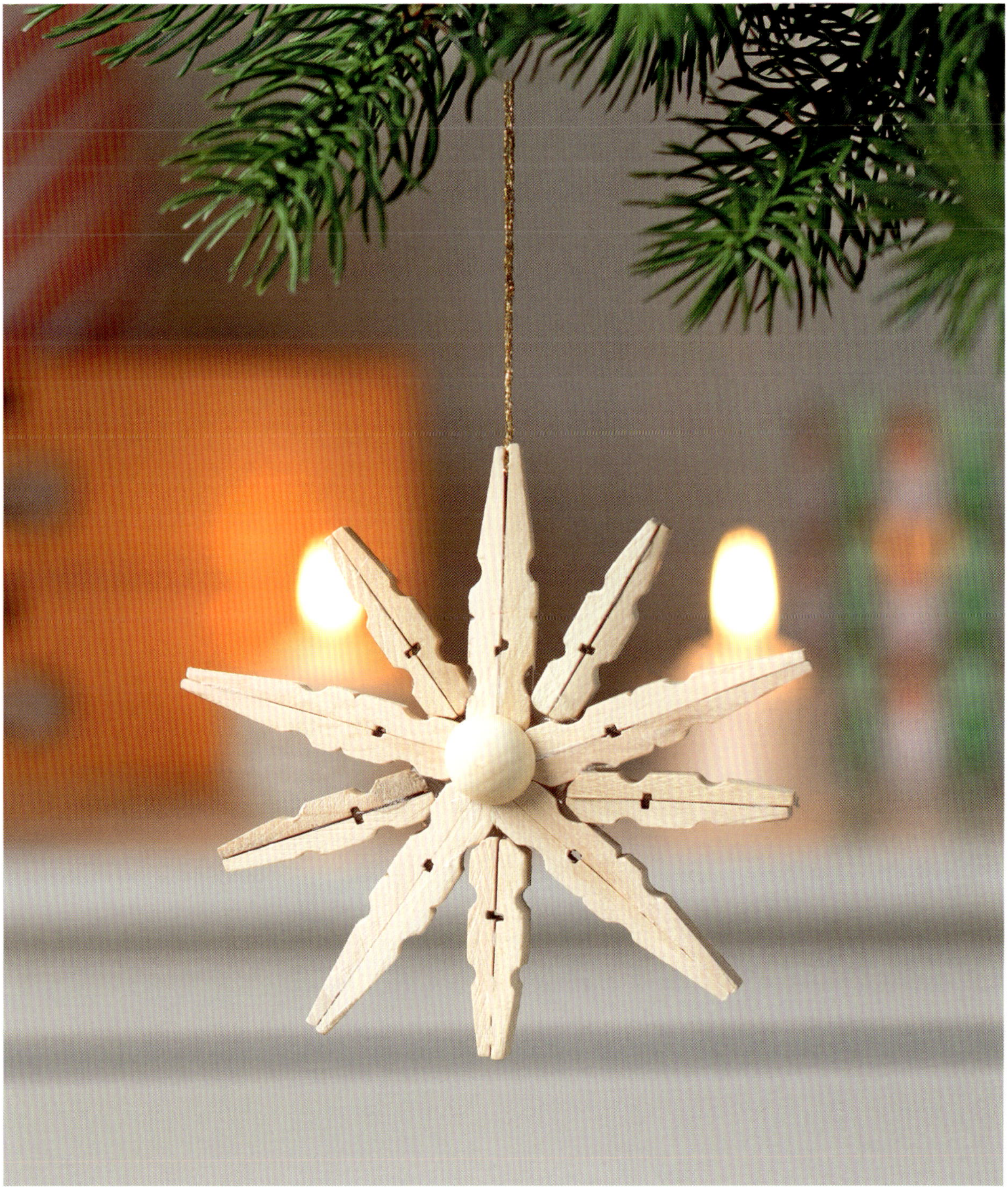

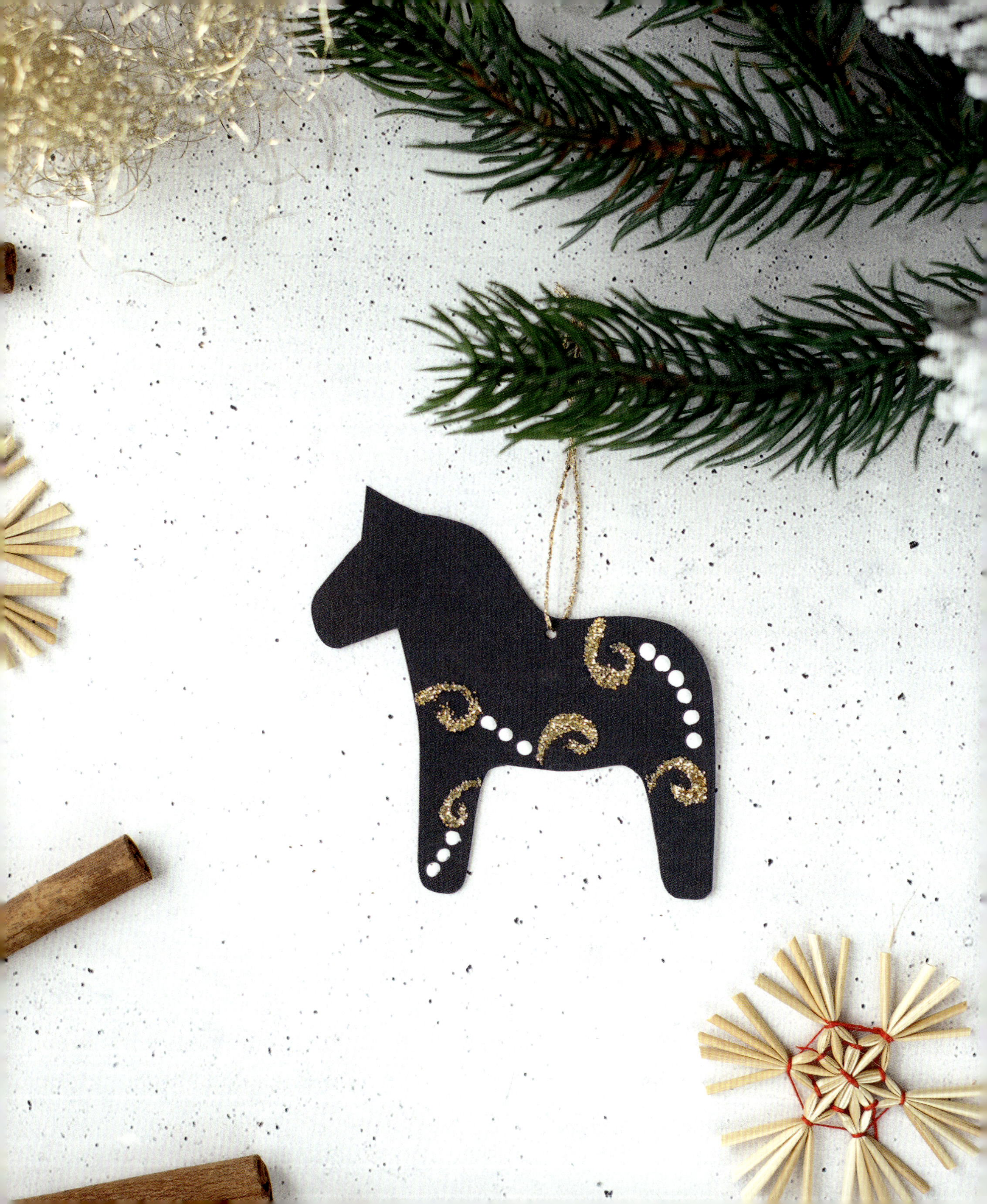

DALAPFERDE

Pferde gehören zu jedem Weihnachtsschmuck. Hier erstrahlen die schwedischen Dalapferde in modernem Design. Das sorgt für Abwechslung am Baum.

DAS BRAUCHST DU

Vorlage 3 (siehe S. 121)
Tonkarton in Schwarz
20 cm metallischer Twist
Perlenmaker Weiß (Rico Design – idee. Creativmarkt)
loser Glitzer
Bastelleim (Rico Design – idee. Creativmarkt)
feiner Pinsel
Lochstanze oder Nadel
Schere
Stift

SO WIRD'S GEMACHT

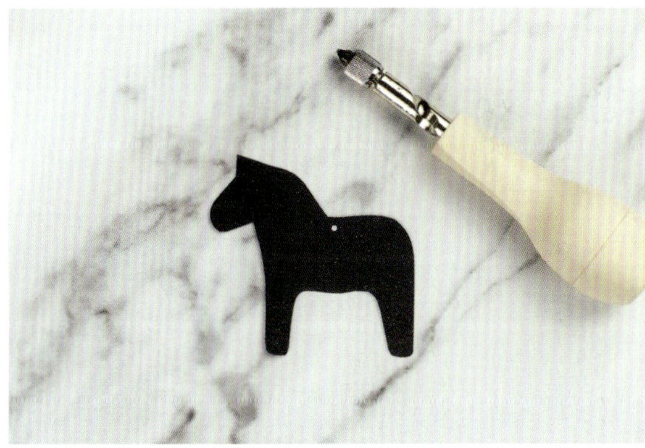

1 Zeichne das Dalapferd mit Hilfe der Vorlage auf dem Tonkarton vor und schneide es aus. Mache für die Aufhängung ein Loch in den Karton.

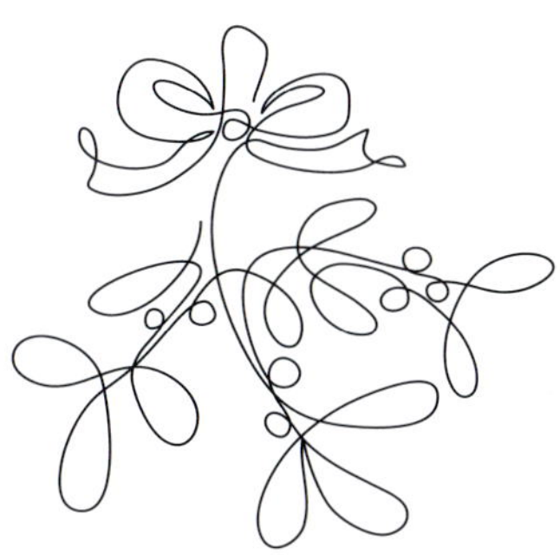

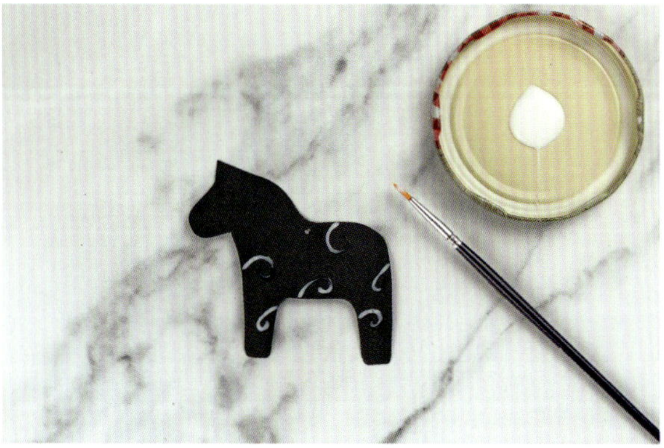

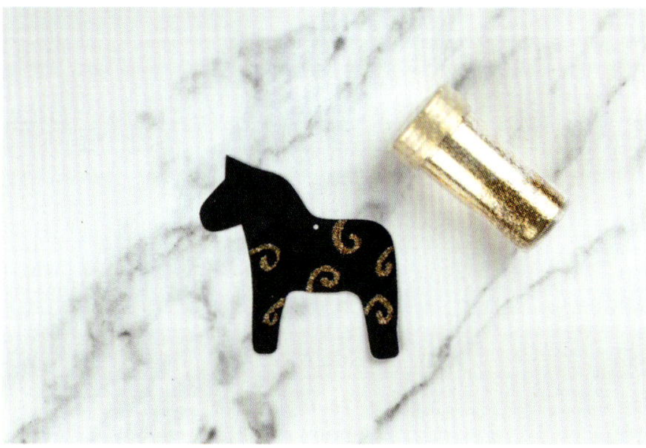

2 Mit Bastelleim und Pinsel malst du Verzierungen auf den Tonkarton und bestreust die noch feuchte Fläche mit dem losen Glitzer. Lasse den Bastelleim gut trocknen.

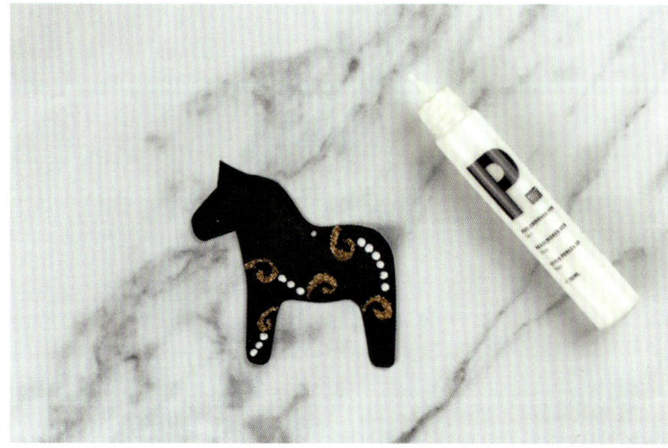

3 Mit einem Perlenmaker kannst du dem Dalapferd noch ein paar zusätzliche Details verleihen, die einen besonderen 3D-Effekt erzielen.

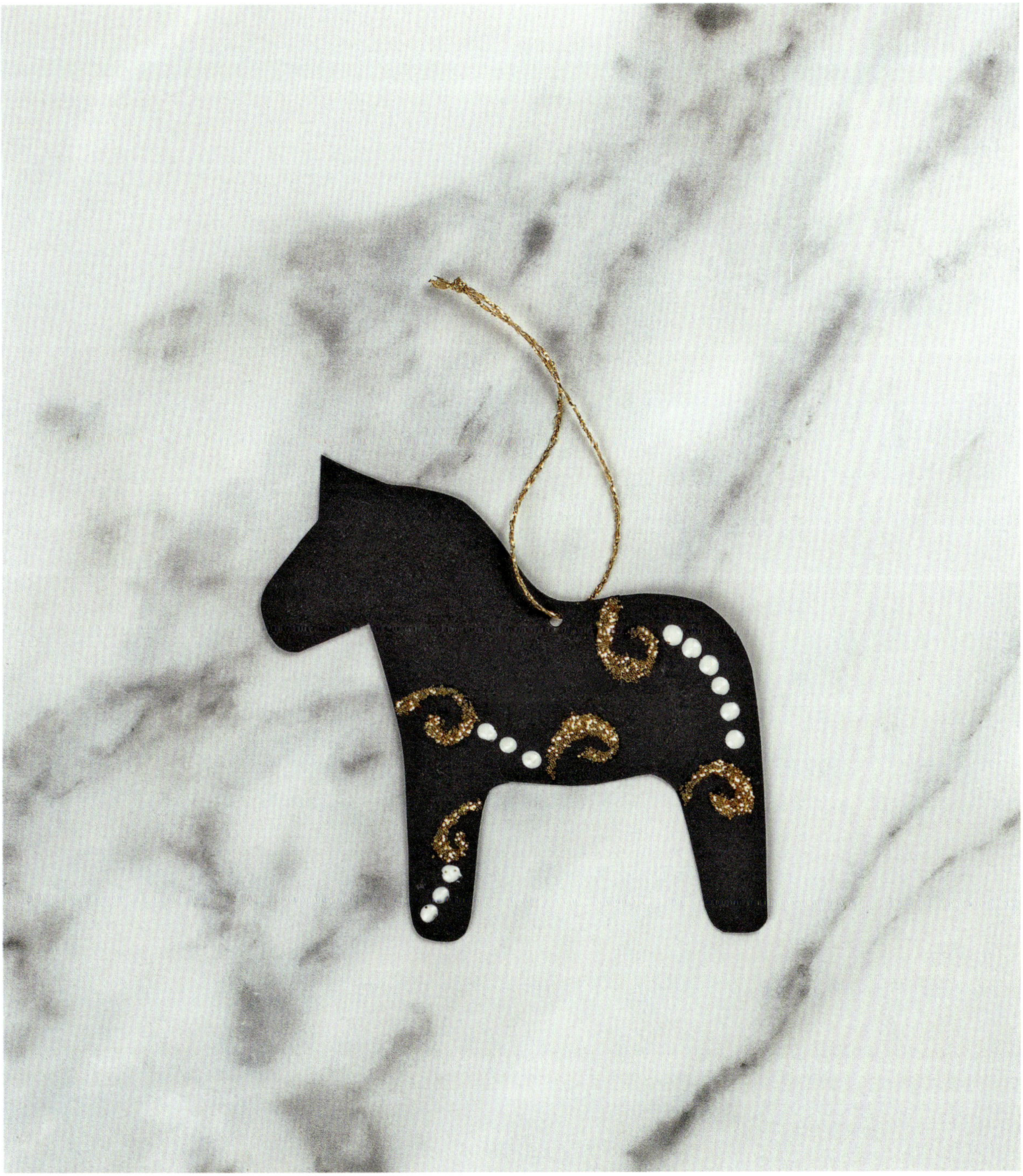

4 Fädle etwas Sticktwist für die Aufhängung durch das Loch.

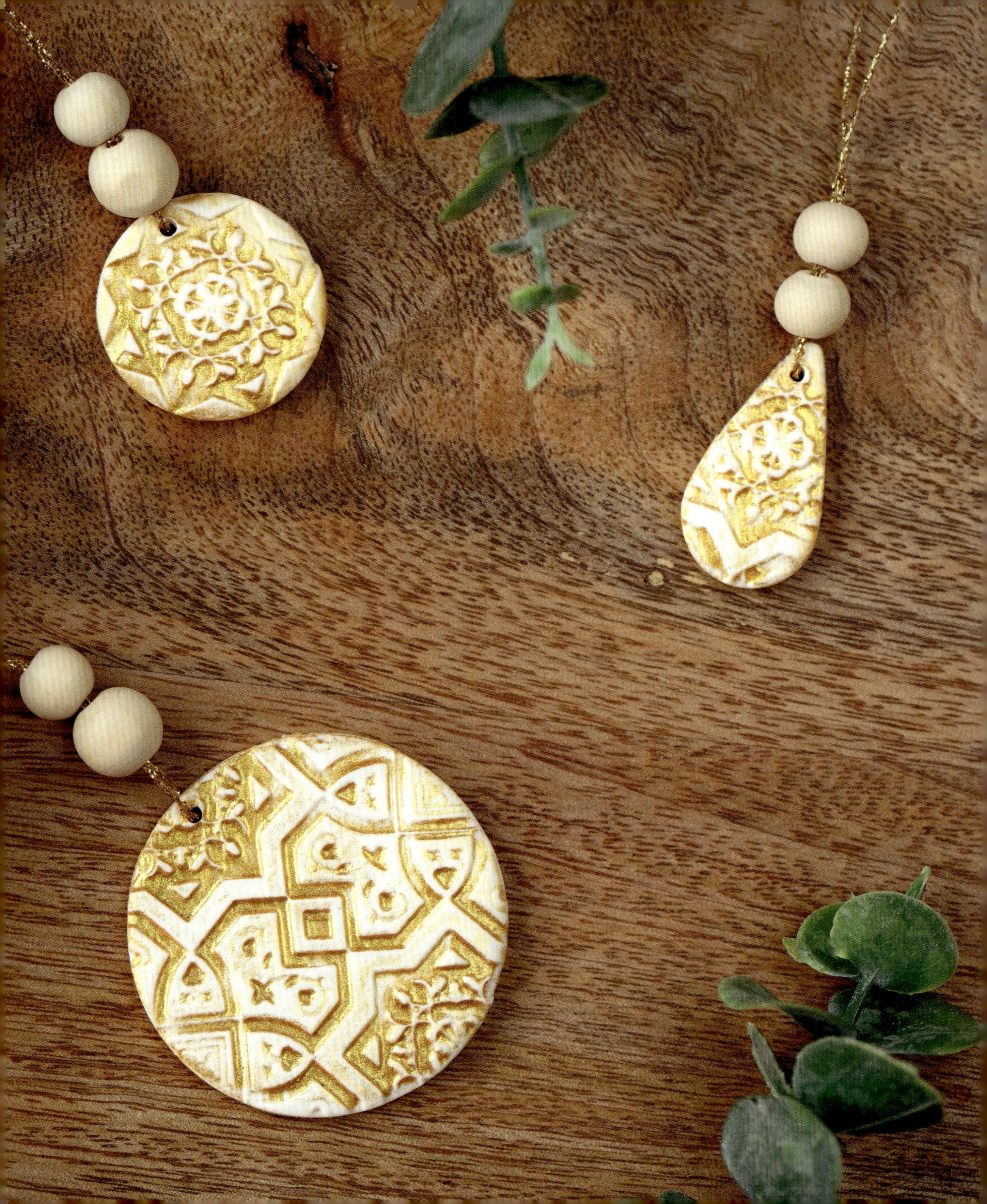

GOLDENE ORNAMENT-ANHÄNGER

Warmes Licht und besondere Details machen den magischen Zauber der Weihnachtszeit aus. Zu dieser Stimmung passen die goldenen Anhänger hier perfekt.

DAS BRAUCHST DU

Fimo Soft in Weiß (Staedtler)
Acryl Metallicfarbe in Gold (Kreul)
Twist
Holzperlen
Acrylroller (Staedtler)
Strukturform Oriental (Staedtler)
Ausstechformen
Nadel
Pinsel, Tuch

SO WIRD'S GEMACHT

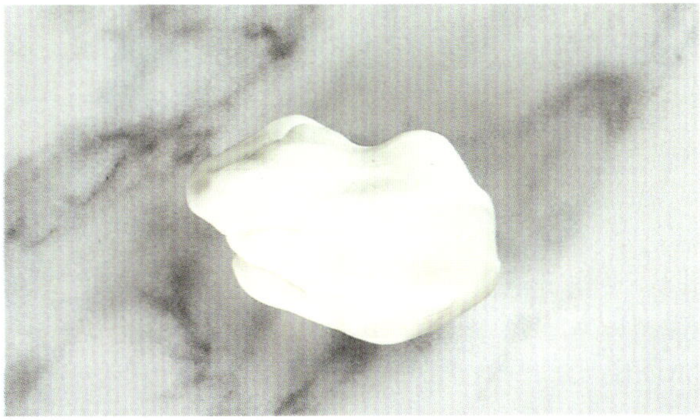

1 Knete das Fimo gut und gleichmäßig mit den Händen durch und forme anschließend eine Kugel.

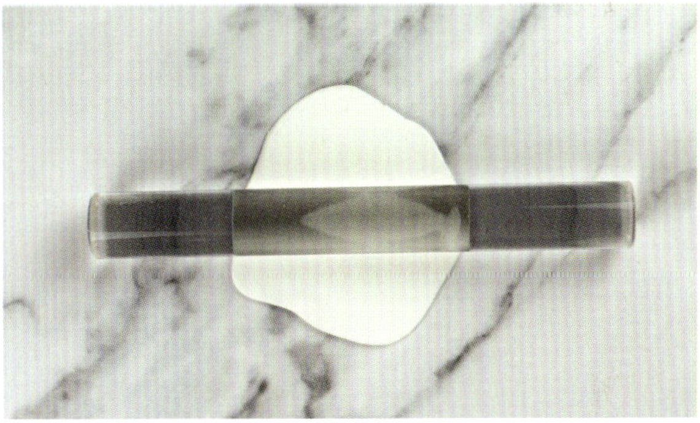

2 Rolle die Kugel schön gleichmäßig auf eine Dicke von ungefähr 0,5 cm aus.

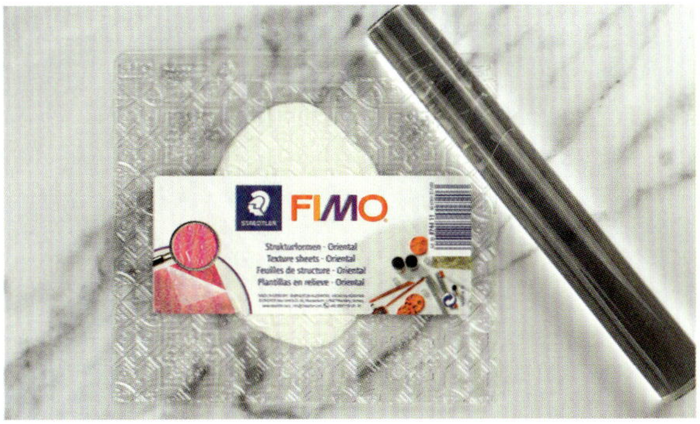

3 Lege die Strukturform auf die Fläche und rolle mit dem Roller fest darüber.

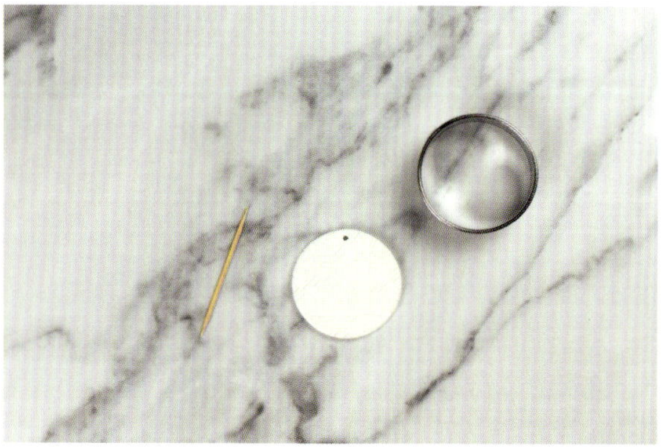

4 Steche die Anhänger mit Hilfe von Ausstechern aus und mache ein Loch für die Aufhängung hinein. Härte die Anhänger im Backofen bei 110 °C 30 Minuten aus.

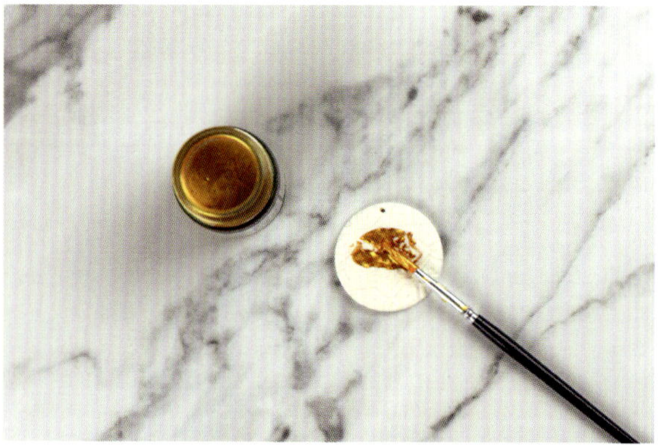

5 Trage die Goldfarbe mit einem Pinsel satt auf, sodass die Vertiefungen des Musters damit gefüllt sind.

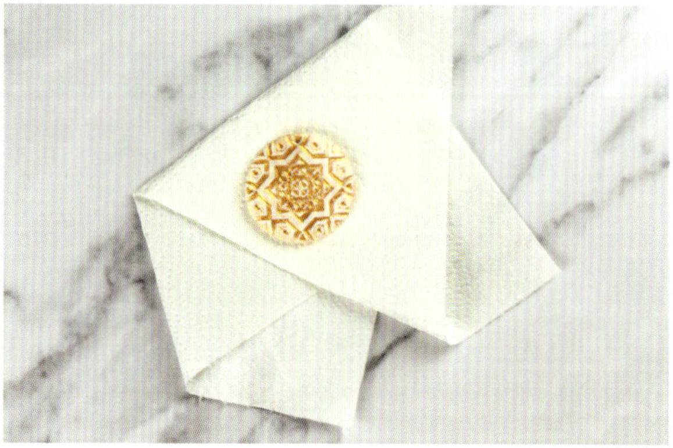

6 Wische die überschüssige Farbe mit einem Tuch ab und lasse die Anhänger vollständig trocknen.

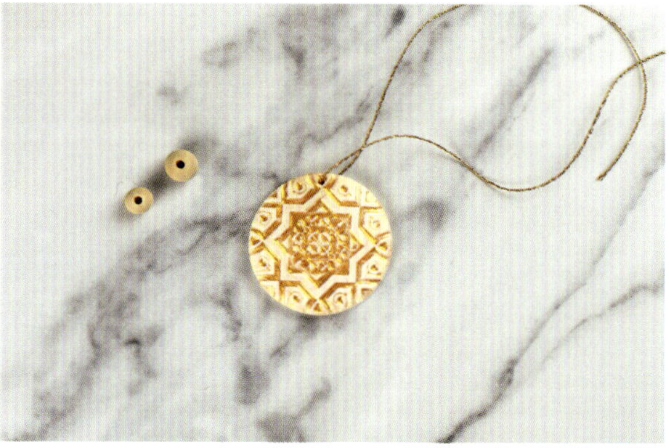

7 Fädle etwas Sticktwist für die Aufhängung durch das Loch, optional kannst du hier noch ein paar kleine Holzperlen hinzufügen.

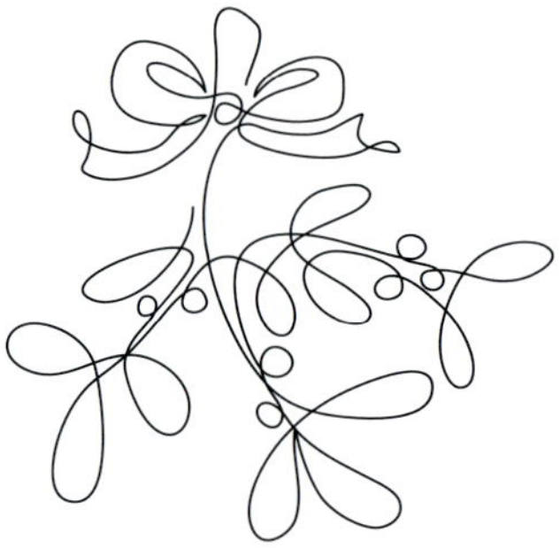

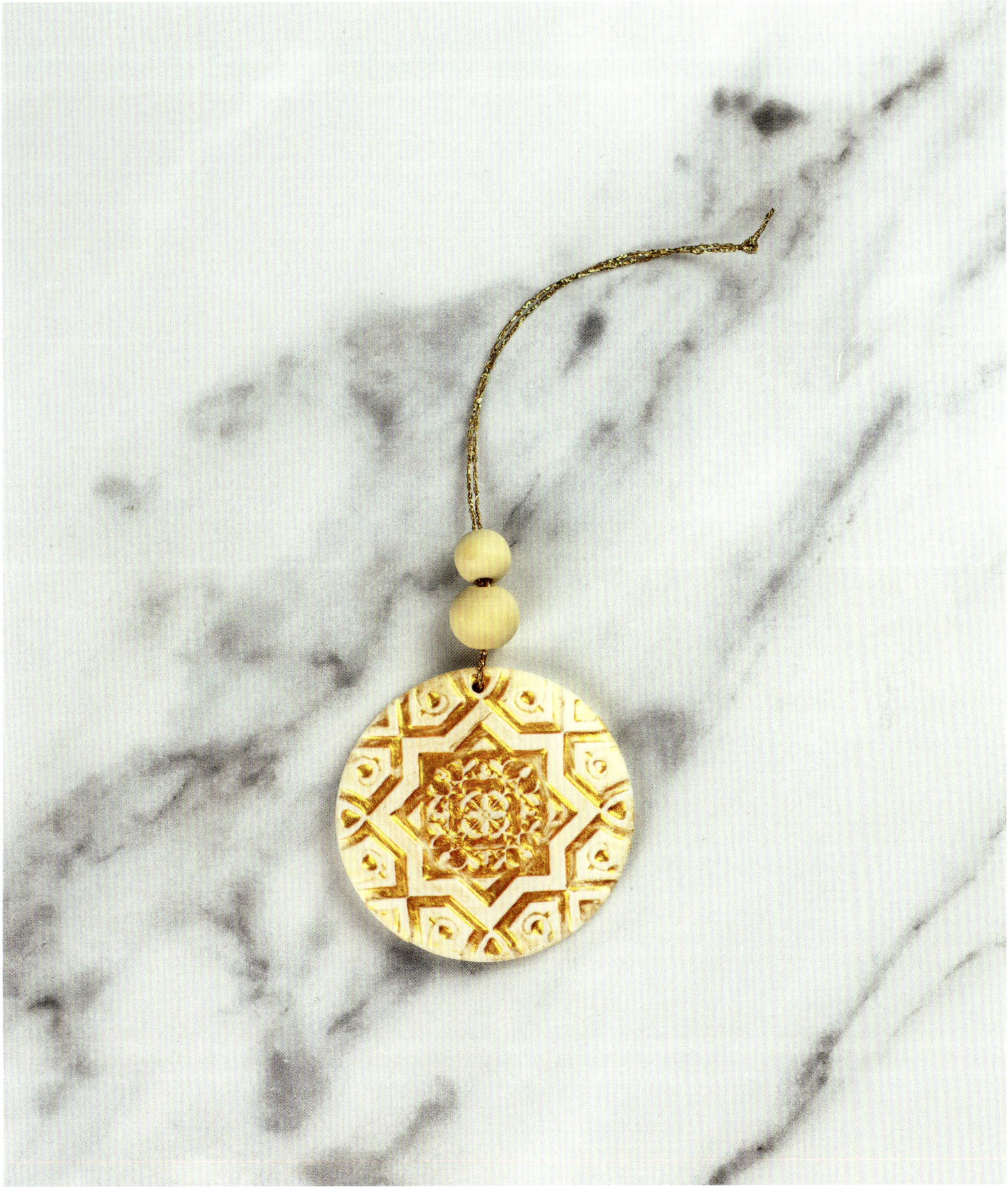

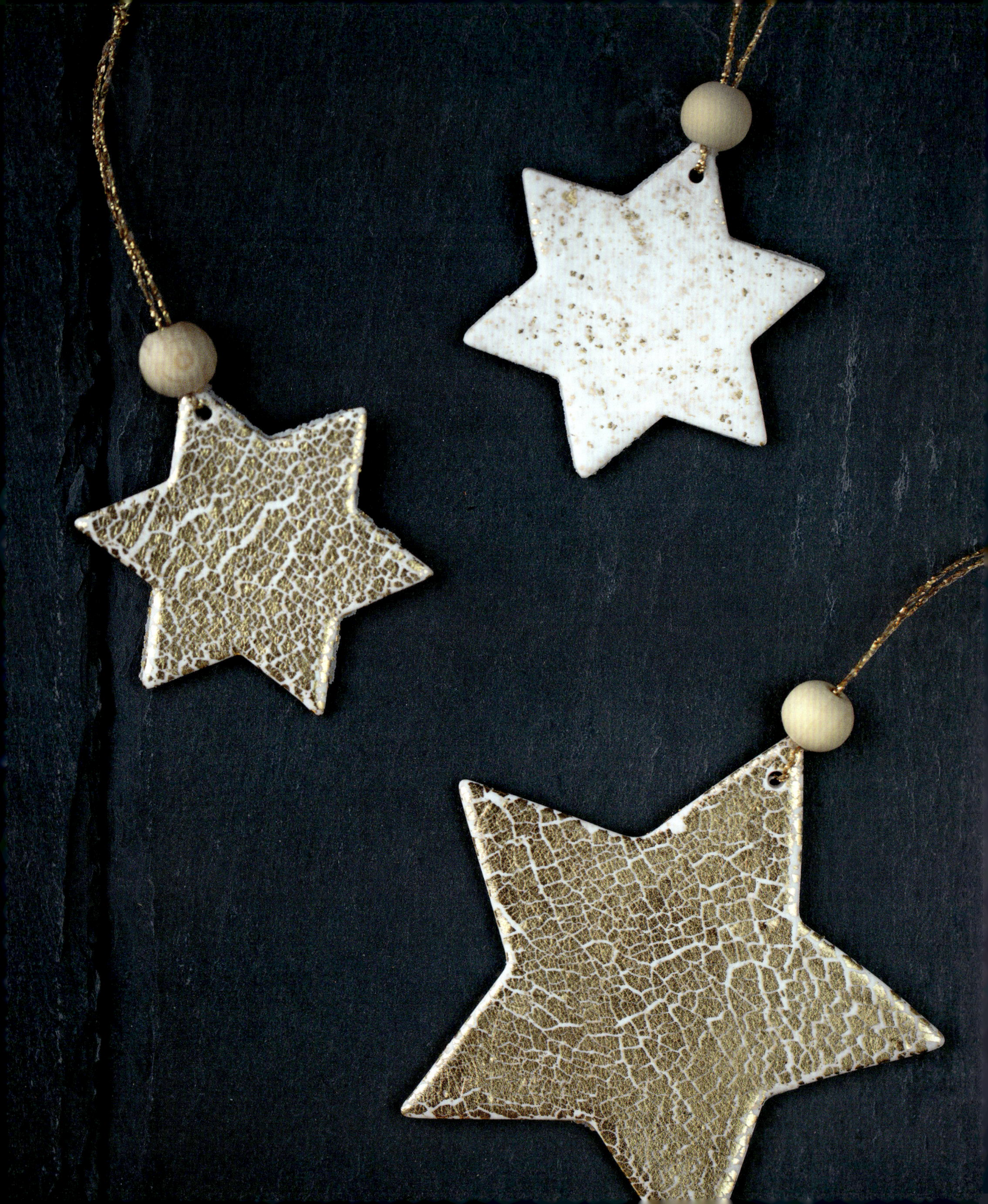

EDLE STERNE MIT KRAKELIEREFFEKT

Goldener Sternenzauber pur. Die edlen Anhänger mit dem Krakeliereffekt sorgen für einen Wow-Effekt.

DAS BRAUCHST DU

Fimo Soft Weiß (Staedtler)
Holzperlen, Ø 10 mm (Rico Design – idee. Creativmarkt)
20 cm metallischer Twist
Blattmetall Gold (Staedtler)
Twist zum Aufhängen
Acrylroller (Staedtler)
Ausstechform
Nadel

SO WIRD'S GEMACHT

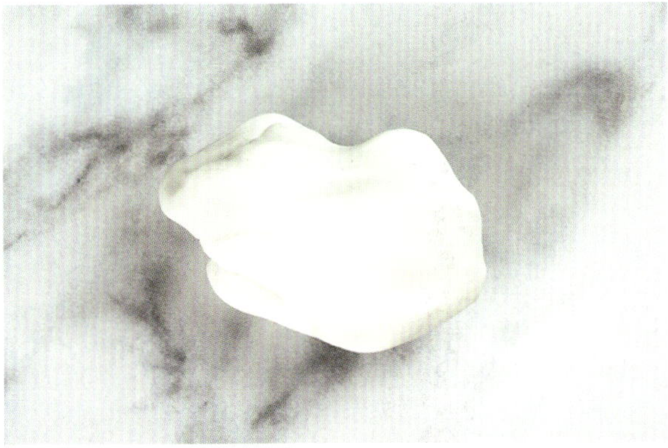

1 Knete das Fimo gut und gleichmäßig mit den Händen durch und forme anschließend eine Kugel.

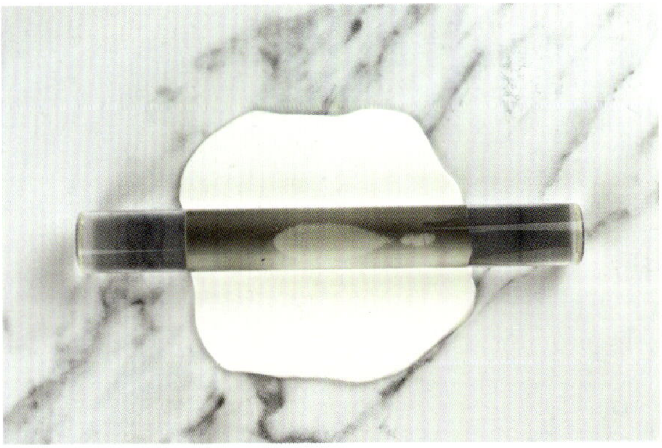

2 Rolle die Kugel schön gleichmäßig auf eine Dicke von ungefähr 0,5 cm aus.

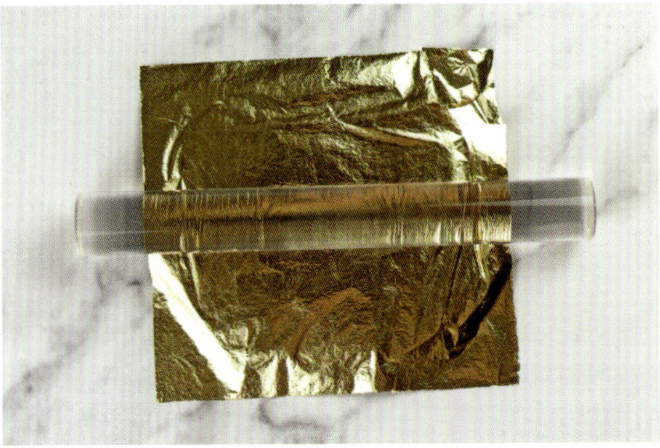

3 Lege ein Blatt Blattgold auf die Fläche und rolle mit dem Roller fest darüber.

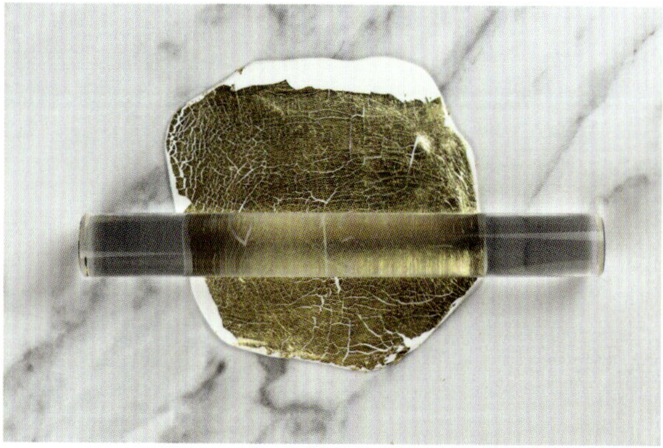

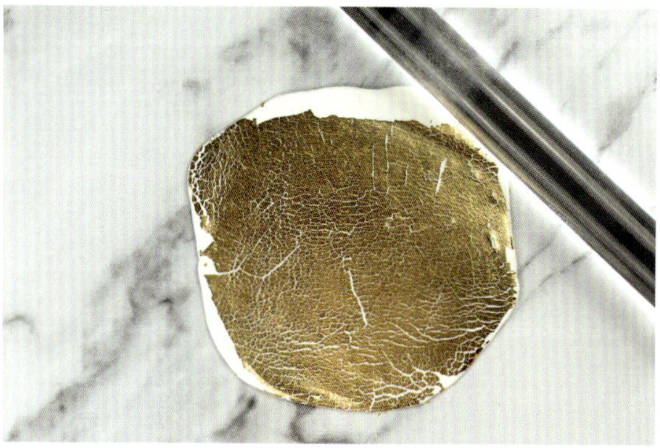

4 Je öfter du darüber rollst, desto größer werden die Abstände zwischen den Blattgoldstrukturen. Es entsteht ein Krakeliereffekt. Tipp: Du kannst das Blattgold auch rückseitig auflegen, damit du den Effekt auf beiden Seiten erzeugst.

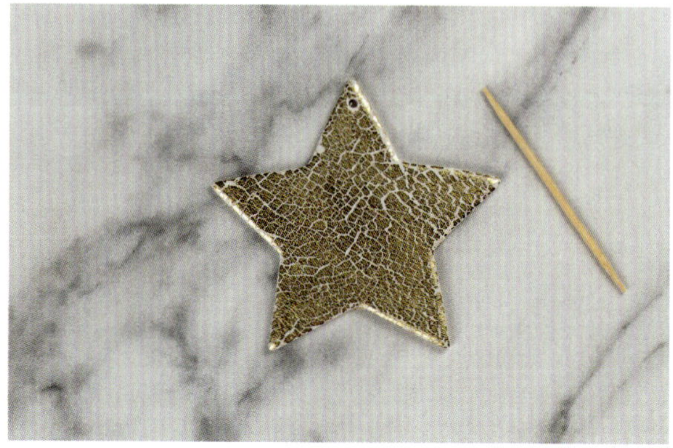

5 Steche die Sterne mit Hilfe von Keksausstechern aus und mache ein Loch für die Aufhängung hinein. Härte die Sterne im Backofen bei 110° C 30 Minuten aus.

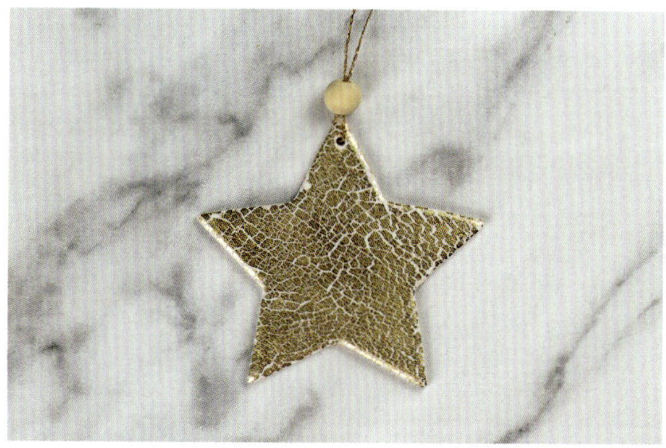

6 Fädle etwas Sticktwist für die Aufhängung durch das Loch und füge eine Holzperle hinzu.

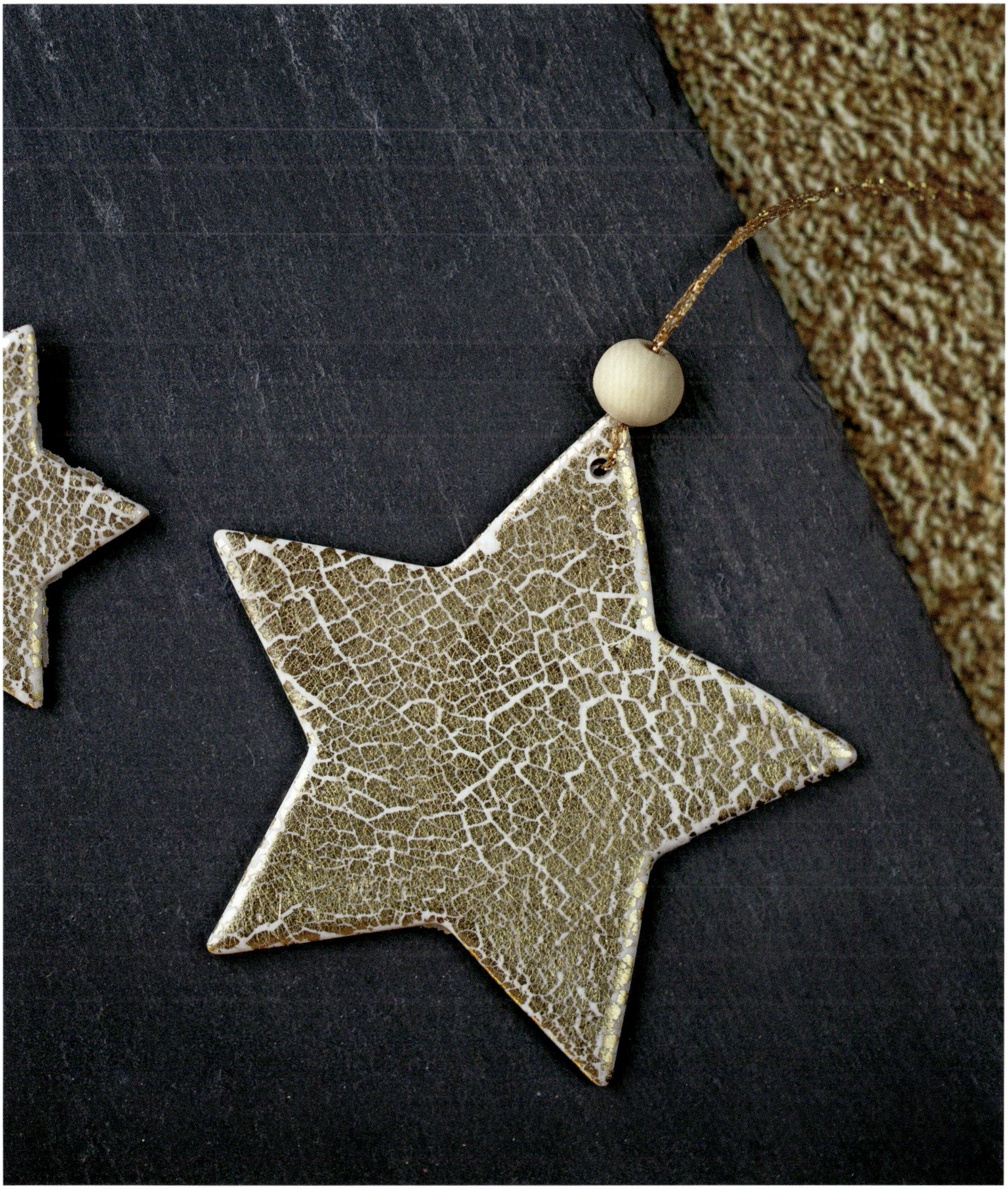

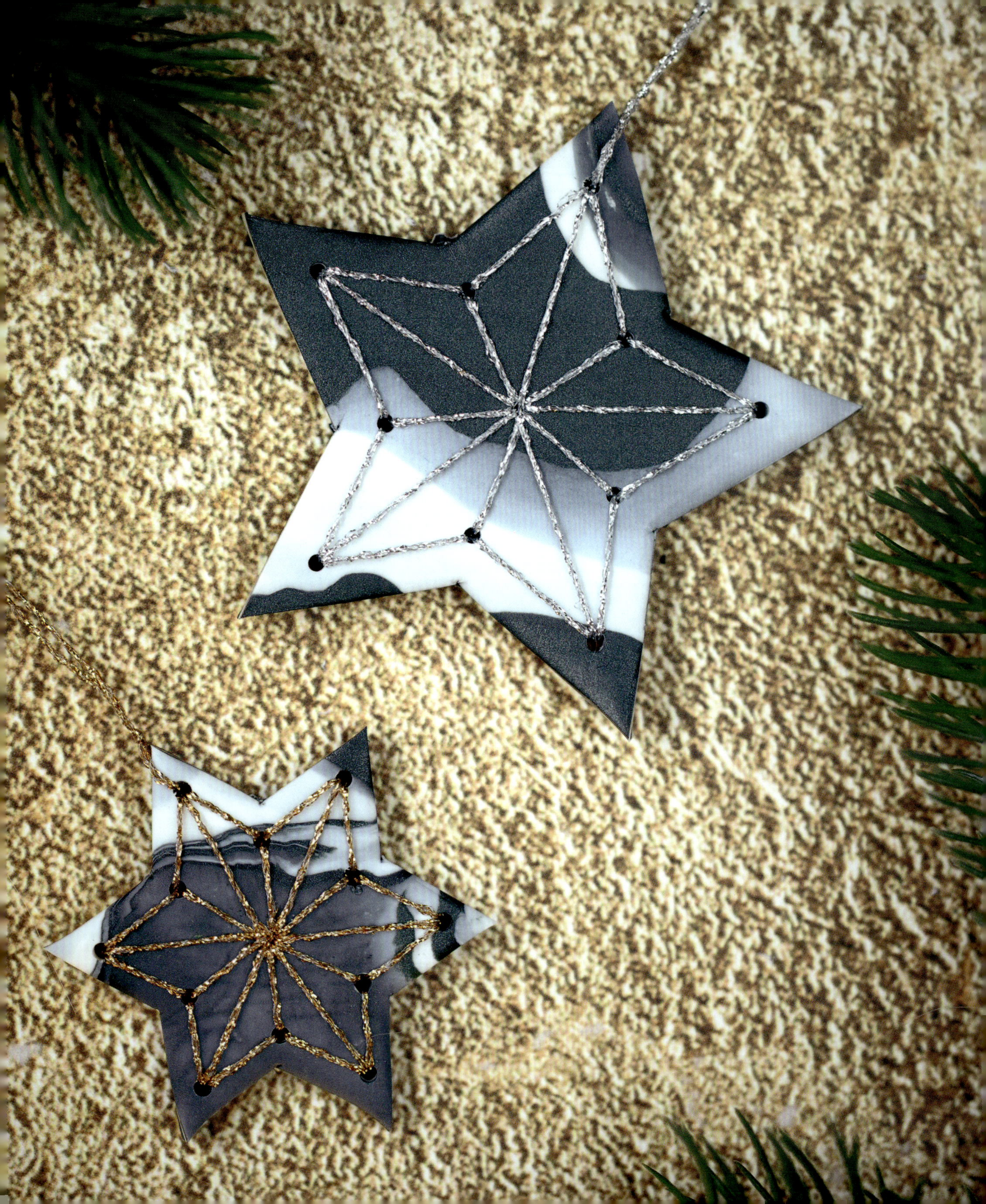

BESTICKTE STERNE

Fadensterne neu interpretiert. Die ungewöhnliche Kombination aus Fimo und glänzendem Faden ergibt außergewöhnliche, marmorierte Glitzersterne.

DAS BRAUCHST DU

Fimo Soft in Weiß (Staedtler)
Fimo Effect Pearl in Schwarz (Staedtler)
Vorlage 4 (siehe S. 122)
1,20 m metallischer Twist
Klinge (Staedtler)
Acrylroller (Staedtler)
Schere
Nadel

SO WIRD'S GEMACHT

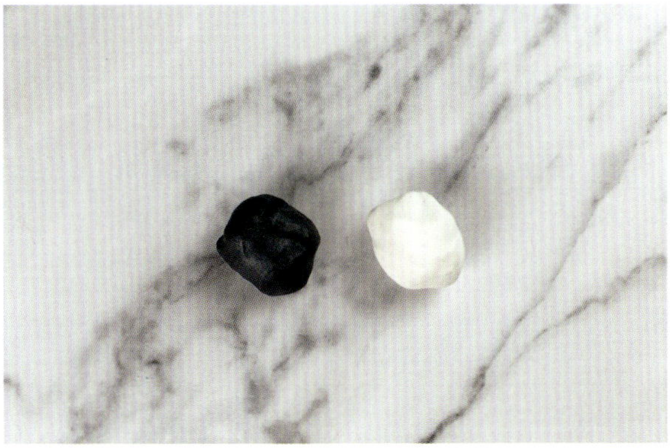

1 Knete das Fimo in beiden Farben gut und gleichmäßig mit den Händen durch und forme anschließend je eine Kugel.

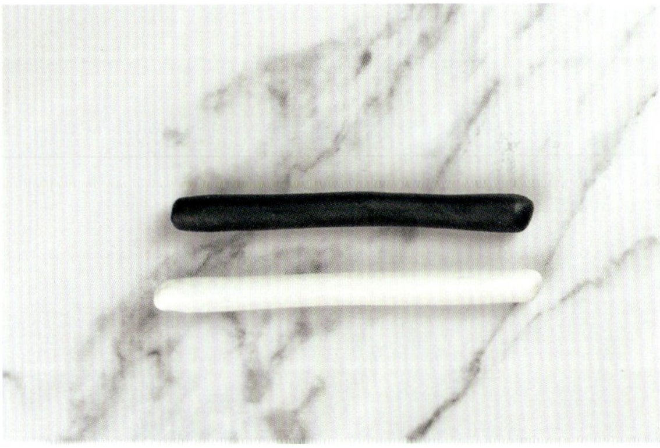

2 Forme aus jeder Kugel einen Strang; die Stränge sollen in ihrer Dicke und Länge ähnlich sein.

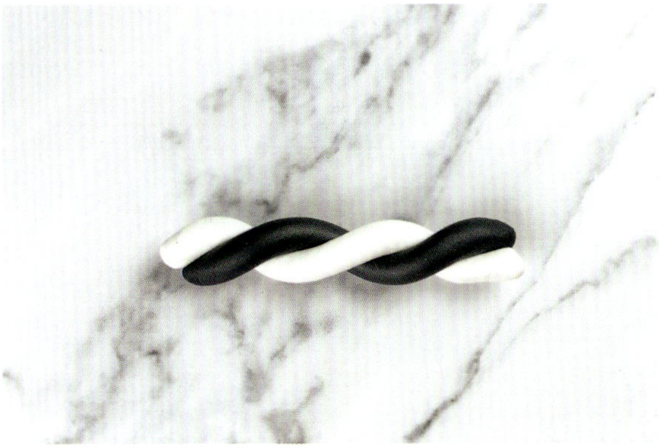

3 Verzwirble beide Stränge miteinander.

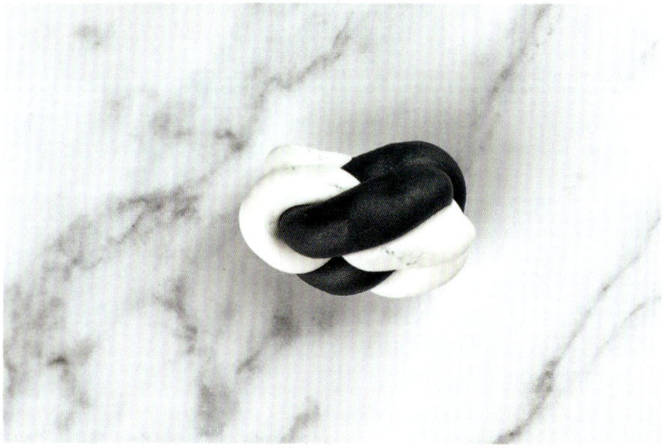

4 Forme eine Kugel und rolle sie schön gleichmäßig auf eine Dicke von ungefähr 0,5 cm aus.

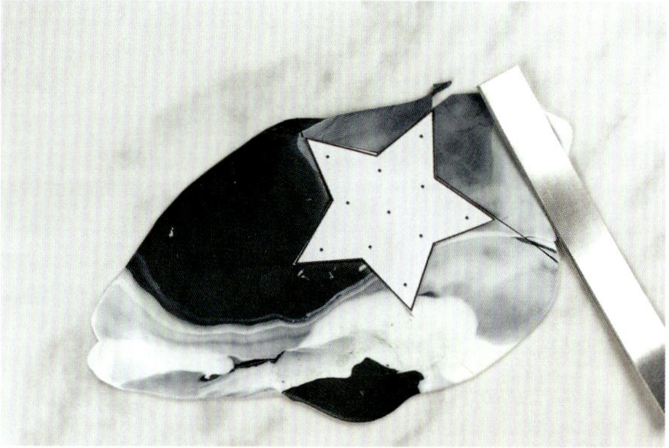

5 Lege die Sternen-Vorlage auf die Fläche und schneide die Kontur mit einem Messer nach.

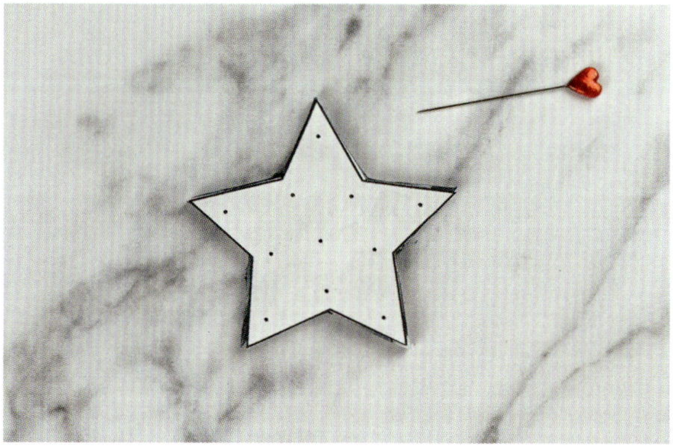

6 Steche anhand der Vorlage Löcher hindurch und vergrößere sie. Hierdurch wird später das Garn gefädelt. Härte die Sterne im Backofen bei 110° C 30 Minuten aus.

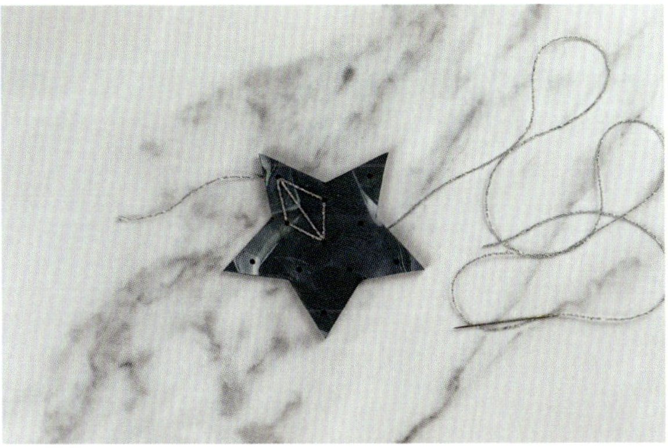

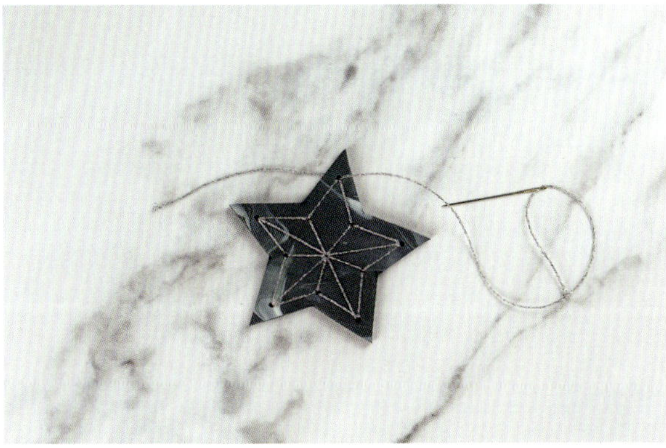

7 Führe den Sticktwist mit einer Nadel durch die Löcher. Für den Anfang und das Ende vom Faden ziehst du eine Schlinge mit Knoten und schneidest das Fadenende jeweils knapp ab.

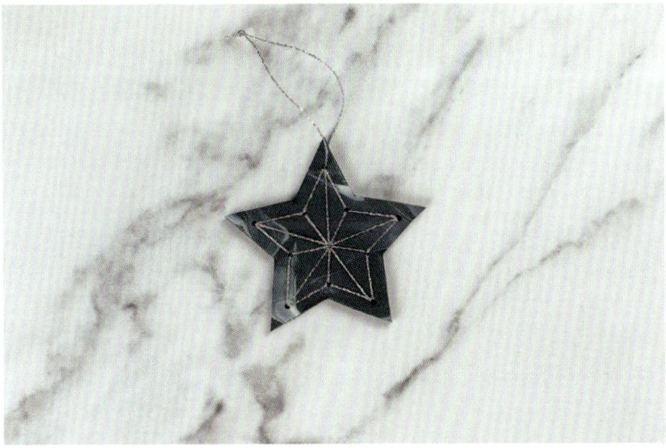

8 Fädle etwas Sticktwist für die Aufhängung durch das Loch.

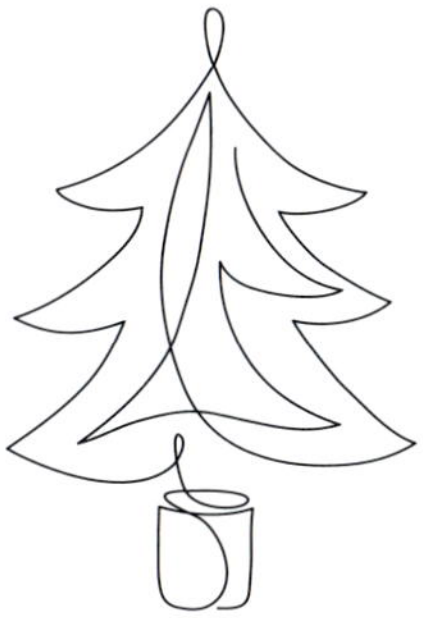

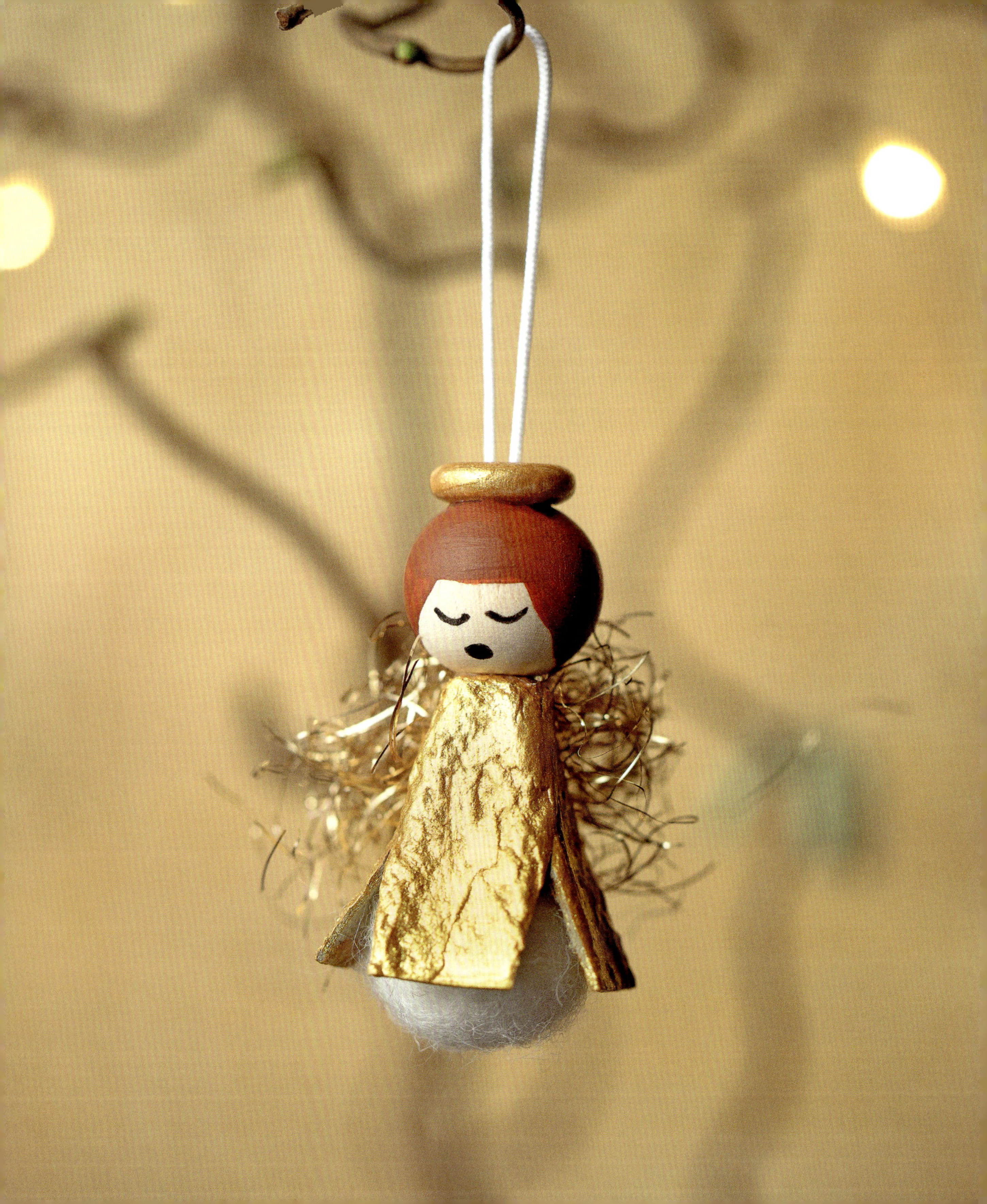

ENGEL AUS EIERKARTON

Engel dürfen an keinem Weihnachtsbaum fehlen. In dieser Upcycling-Idee entsteht ein kleiner Engel aus Eierkarton, der leicht und beschwingt am Baum schwebt.

DAS BRAUCHST DU

Eierkarton
Acryl Metallicfarbe in Gold (Kreul)
Holzperle, Ø 20 mm
Holzring, Ø 15 mm
Makrameeband 1 mm in Weiß (Rico Design – idee. Creativmarkt)
20 cm metallischer Twist
Filzkugel, Ø 2 cm
Engelshaar (idee. Creativmarkt)
Acryl Mattfarbe in Rehbraun (Kreul)
Acryl Mattfarbe in Schwarz (Kreul)
Heißkleber (Rico Design – idee. Creativmarkt)
Nadel
Schere
Pinsel

SO WIRD'S GEMACHT

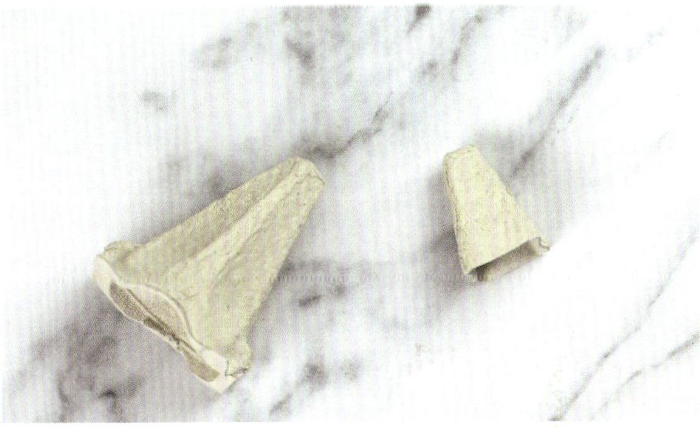

1 Schneide einen Kegel als Körper für den Engel aus dem Eierkarton und kürze diesen in der Länge.

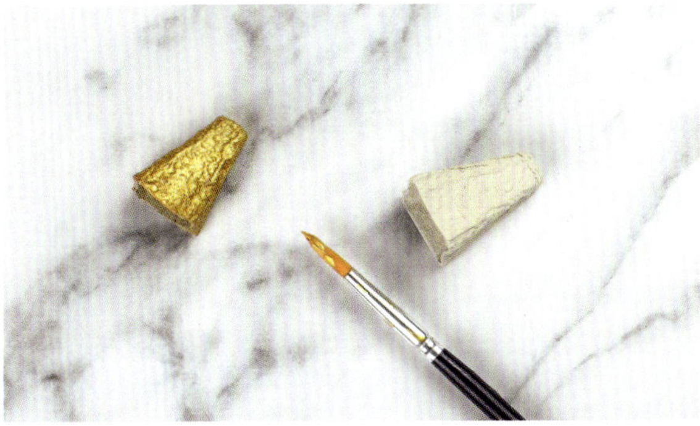

2 Male den Kegel flächig mit der goldenen Farbe an.

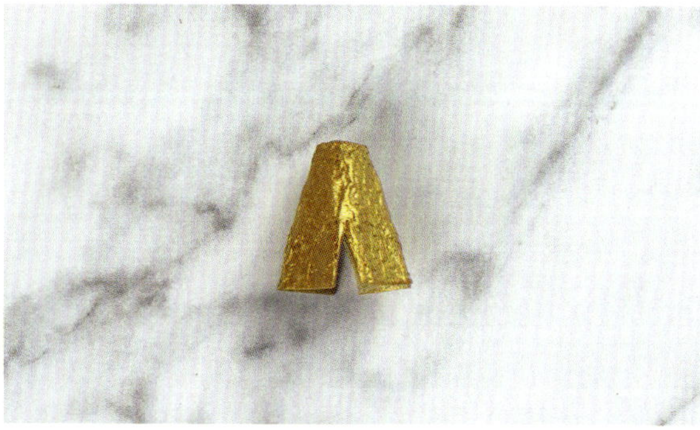

3 Schneide alle 4 Kantenseiten des Kegels ein Stück weit ein.

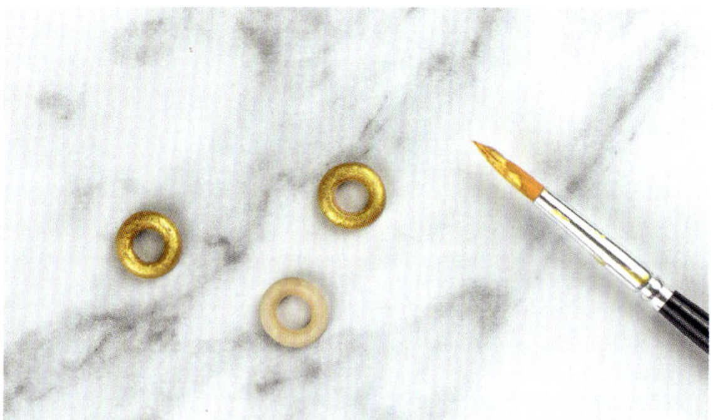

4 Male die kleinen Holzringe flächig mit der goldenen Farbe an.

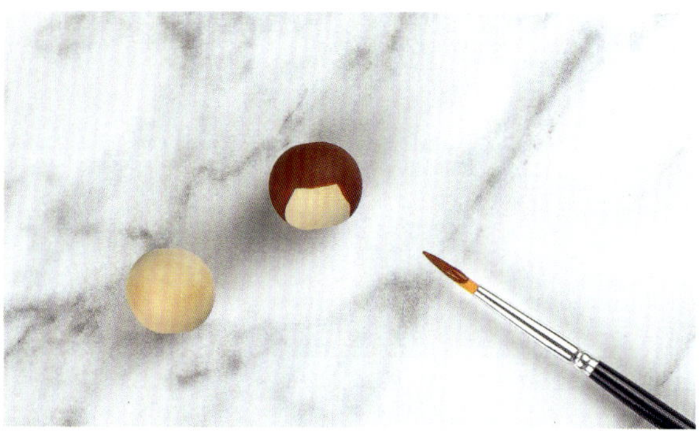

5 Male mit der matten Farbe eine Frisur auf die Holzkugel.

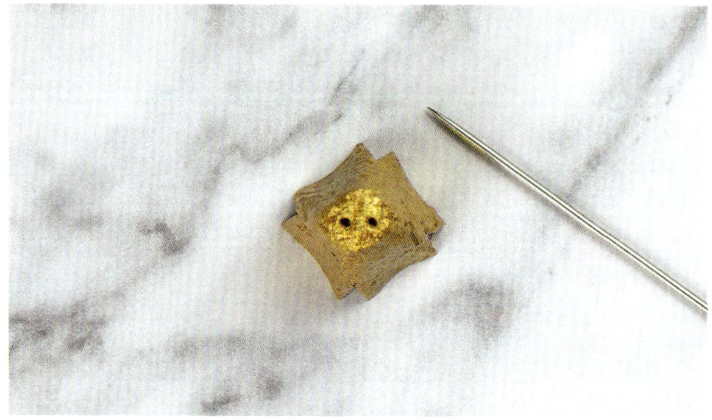

6 Steche mit einer Nadel zwei nebeneinanderliegende Löcher in die Spitze des Kegels.

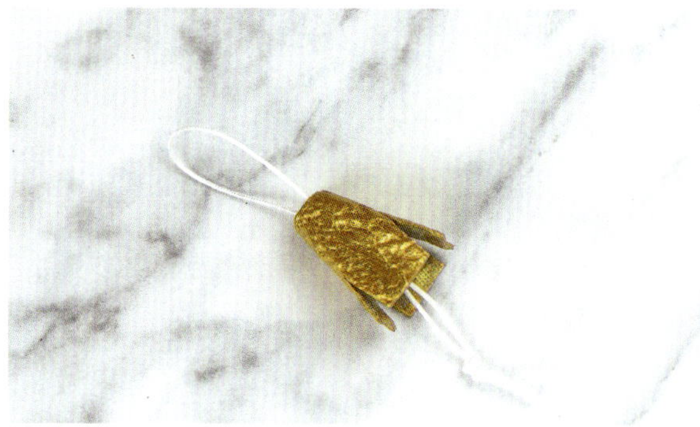

7 Fädle das Makrameeband durch beide Löcher und mache innenliegend einen Knoten.

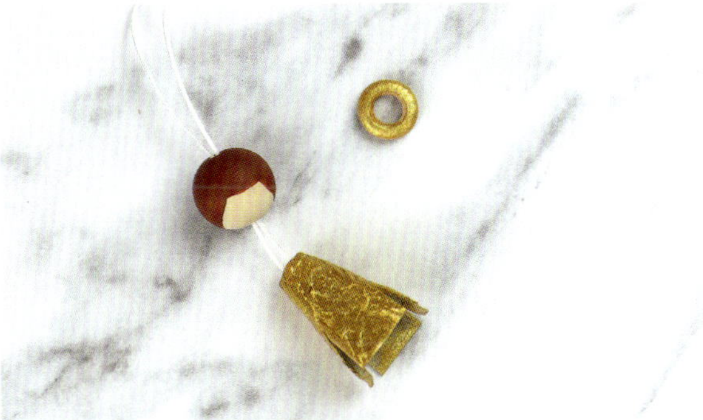

8 Fädle die Kopfperle auf das Garn auf und fixiere sie versteckt mit einem Klecks Heißkleber.

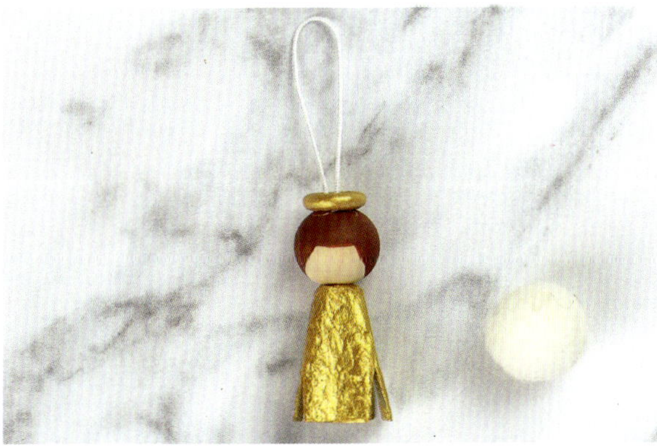

9 Fädle den kleinen Holzring auf und fixiere diesen versteckt mit einem Klecks Heißkleber an der Kopfperle. Klebe einen Filzball als Körpermitte in den Kegel.

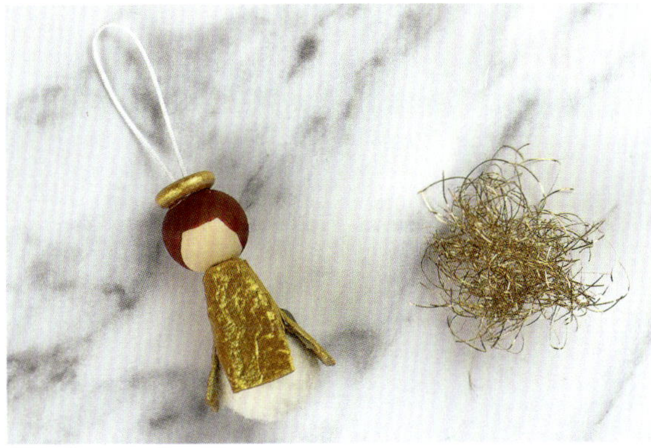

10 Goldenes Engelshaar rückseitig als Flügel am Kegel mit Heißkleber fixieren.

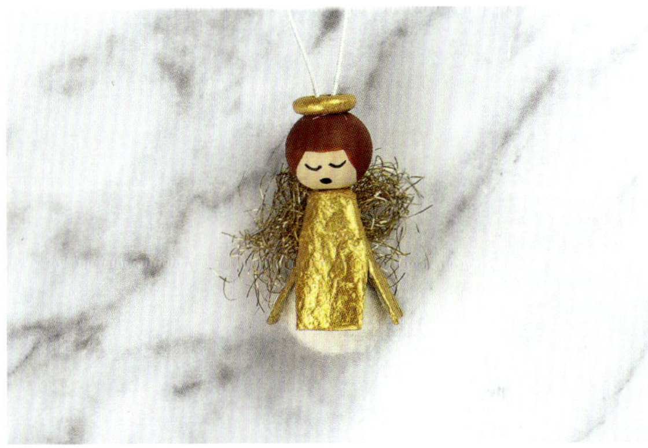

11 Male dem Engel ein Gesicht.

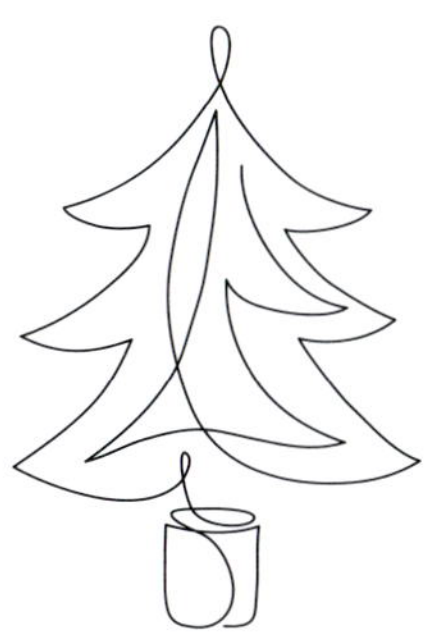

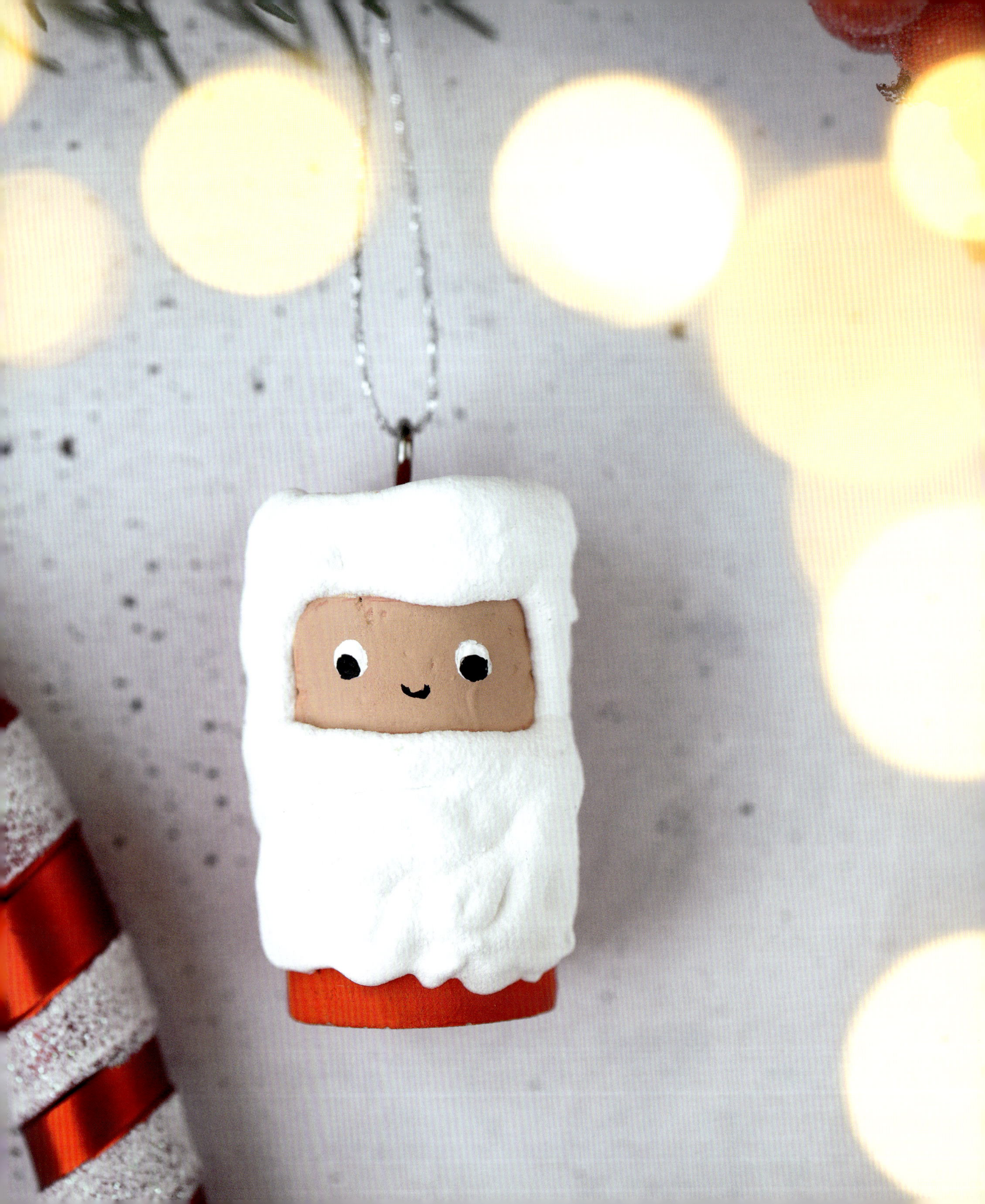

WEIHNACHTSMANN MIT RAUSCHEBART

Weihnachten ohne Weihnachtsmann geht nicht. Dieser Herr kommt mit einem stattlichen Rauschebart zum Fest.

DAS BRAUCHST DU

Korken
Ösenschraube
Acrylfarbe in Rot und Rose (Kreul)
Acryl Mattfarbe in Schwarz (Kreul)
Acryl Mattfarbe in Weiß (Kreul)
Pluster & Liner Pen in Weiß (Kreul)
metallischer Twist
Pinsel

SO WIRD'S GEMACHT

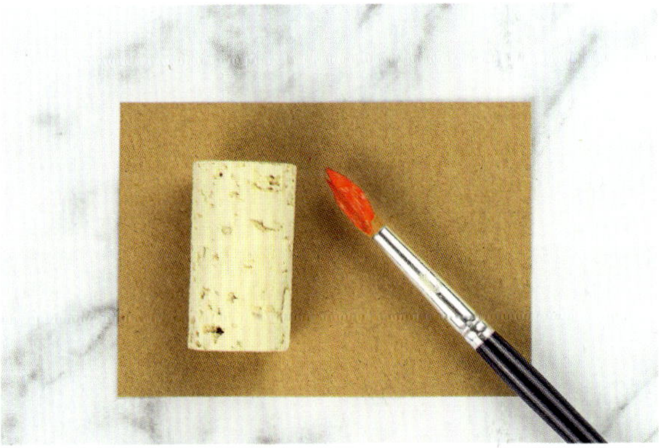

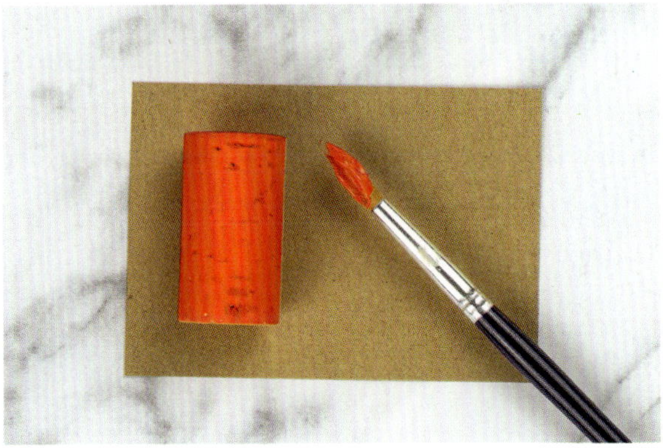

1 Male den Korken flächig mit roter Acrylfarbe an, lasse die Farbe vollständig trocknen.

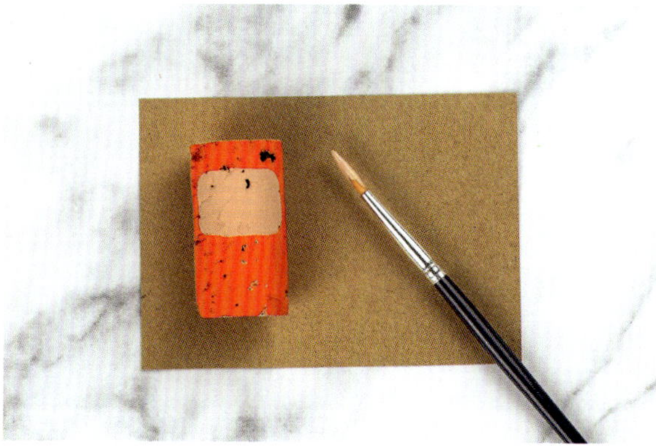

2 Male das Gesicht mit rosa Farbe, lasse die Farbe vollständig trocknen.

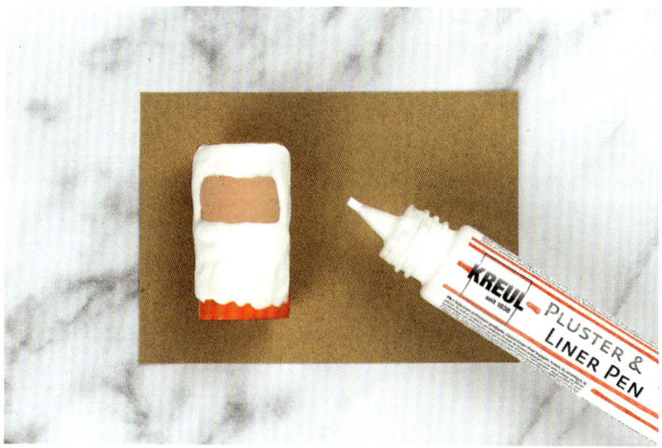

3 Male jetzt mit dem Pluster-Pen den Bart auf den Korken. Lasse die Farbe trocknen und orientiere dich an den Angaben des Herstellers für das Plustern der Farbe. Es gibt hier unterschiedliche Optionen.

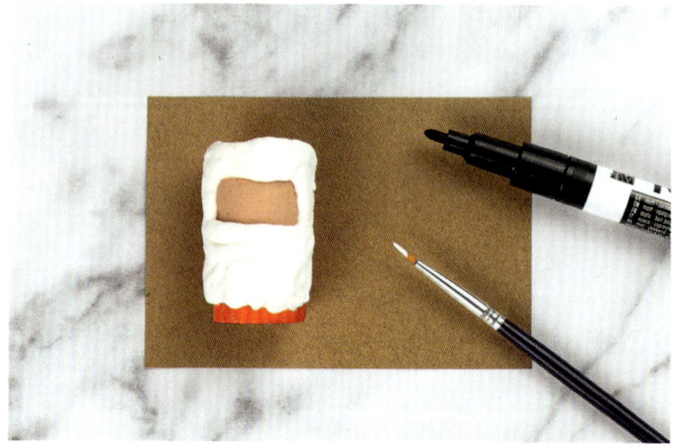

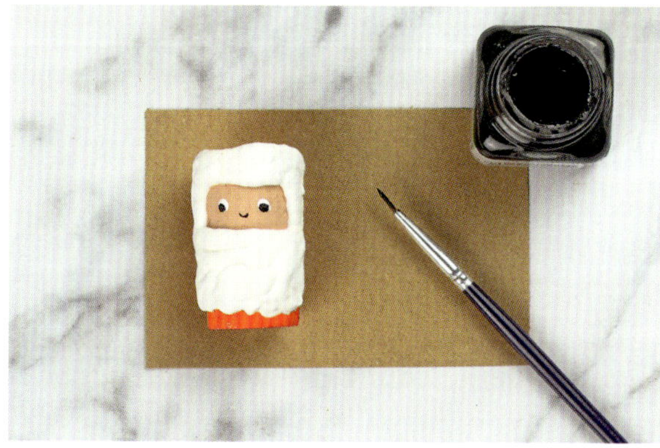

4 Male mit Stiften und Farbe ein Paar Augen und eine Nase.

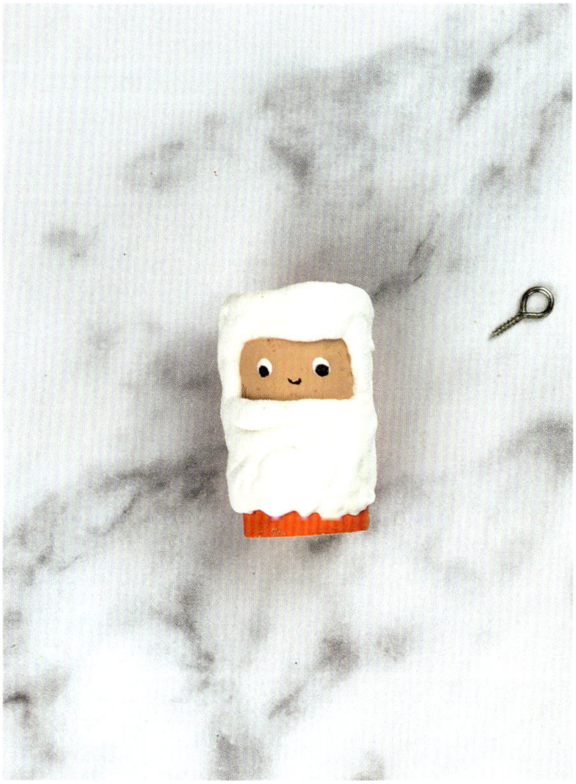

5 Befestige die Ösenschraube zum Aufhängen in der Mitte des Korkens.

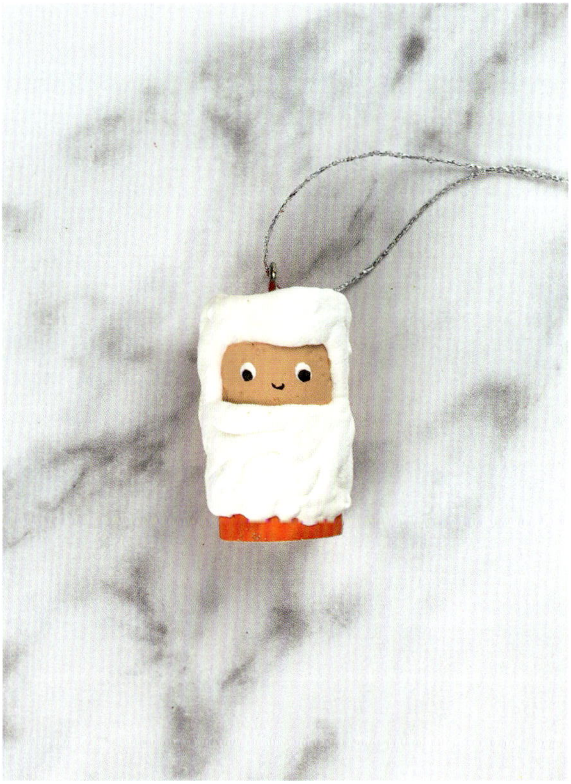

6 Fädle ein Stück Twist für die Aufhängung hindurch.

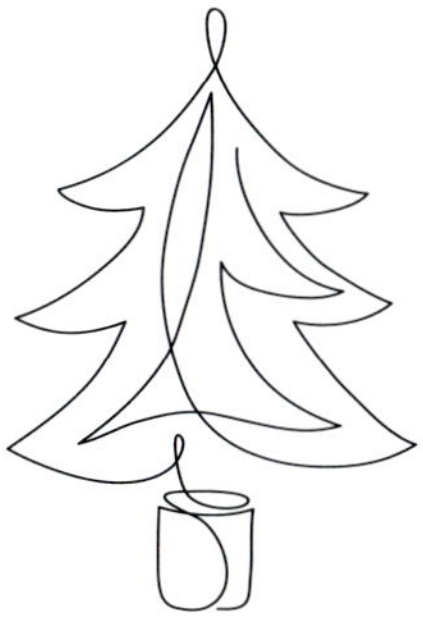

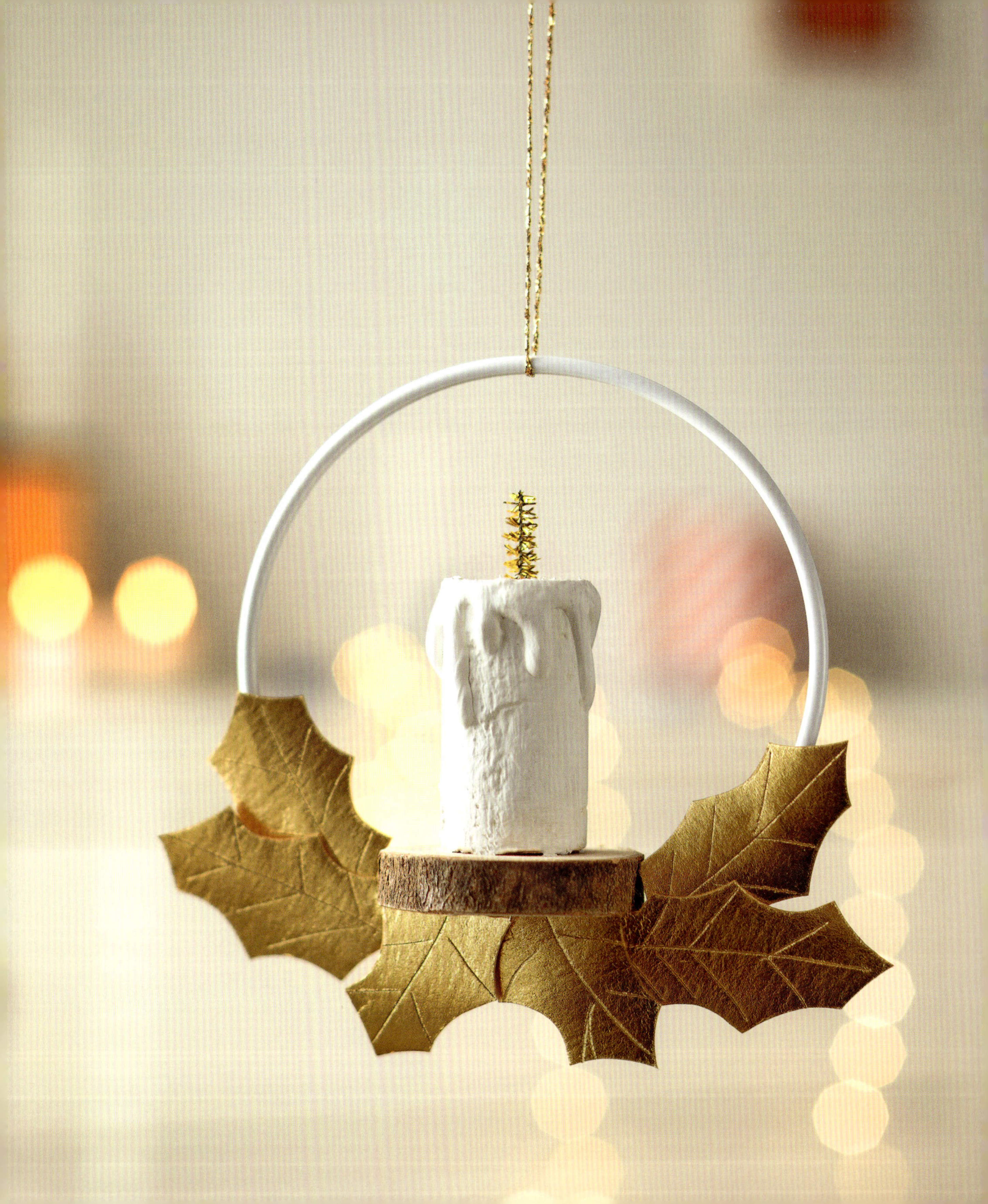

FESTLICHER ANHÄNGER

Diese Kerze sorgt für festliche Stimmung und bringt den Baum zum Leuchten – und das ganz ohne Brandgefahr.

DAS BRAUCHST DU

Metallring, Ø 10 cm (Rico Design – idee. Creativmarkt)
Korken
Holzscheibe (idee. Creativmarkt)
Vorlage 7 (siehe S. 123)
SnapPap – waschbares Papier Gold (Rico Design – idee. Creativmarkt)
Chenilledraht Gold (Rico Design – idee. Creativmarkt)
Detailschere
metallischer Twist
Chalky Kreidefarbe in Snow White (Kreul)
Heißkleber (Rico Design – idee. Creativmarkt)
Pinsel
Schere

SO WIRD'S GEMACHT

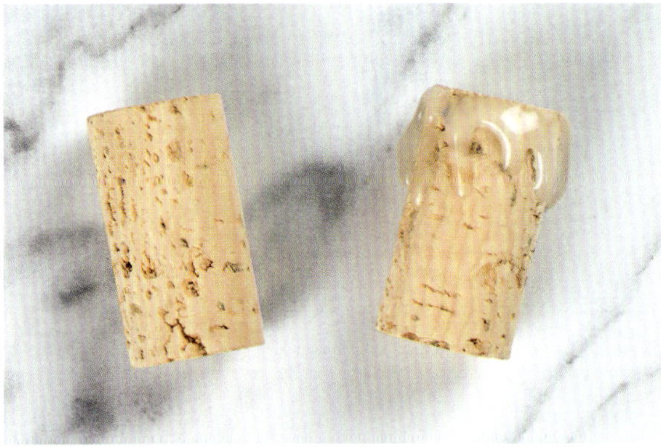

1 Modelliere mit Heißkleber reihum am oberen Rand des Korkens die Wachsnasen.

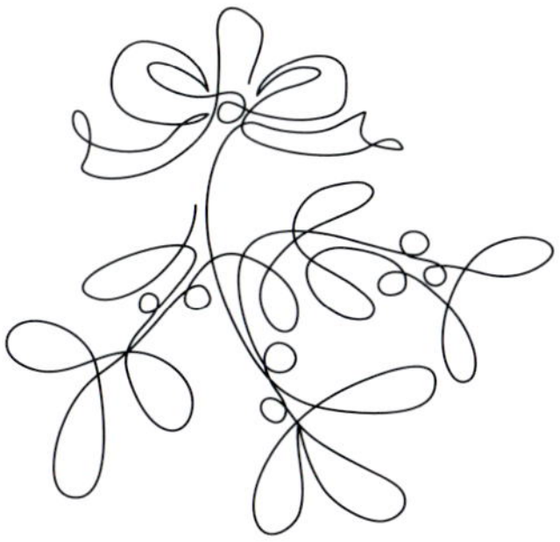

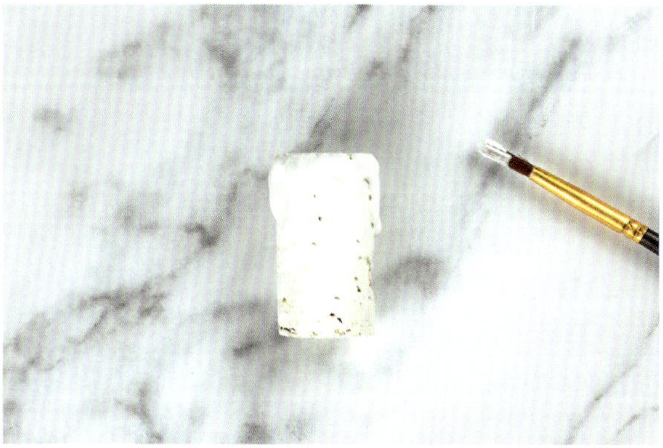

2 Male den Korken rundum flächig an und lasse die Farbe vollständig trocknen.

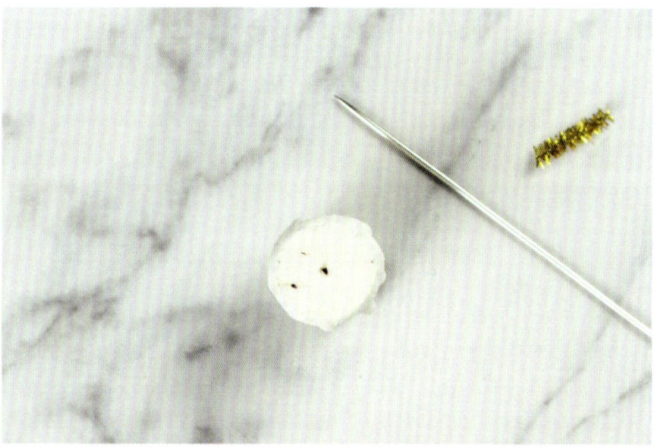

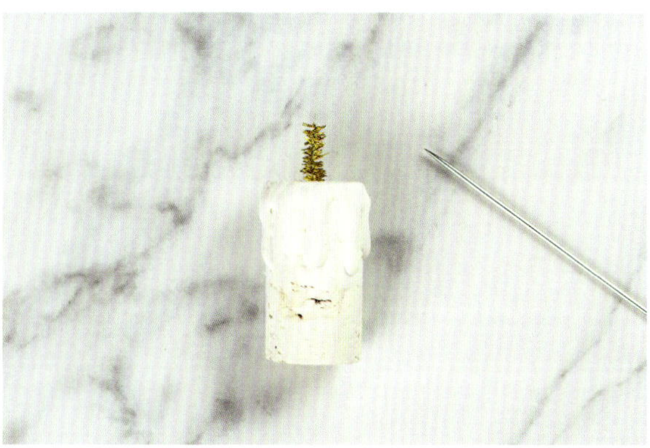

3 Mache mit einer Nadel mittig auf der Oberseite ein Loch und stecke ein Stück goldenen Chenilledraht als Flamme hinein.

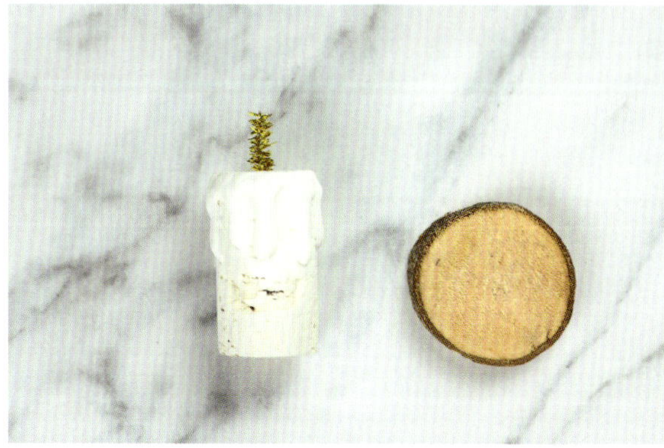

4 Klebe den Korken mittig auf die Holzscheibe.

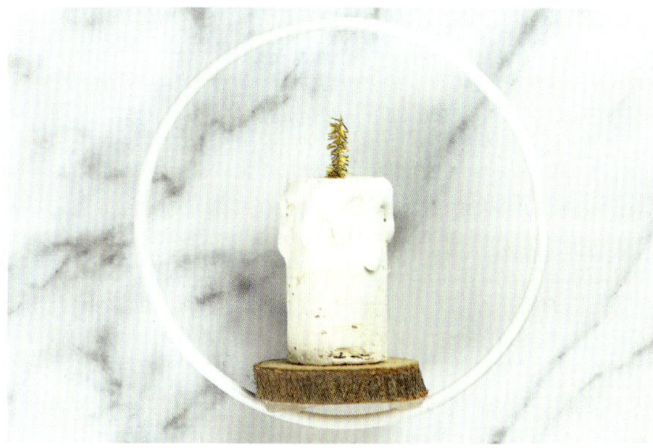

5 Klebe jetzt die Holzscheibe mittig in den Metallring. Versuche hierbei möglichst zielgerichtet mit dem Heißkleber zu arbeiten, um unnötig sichtbare Klebebereiche zu vermeiden.

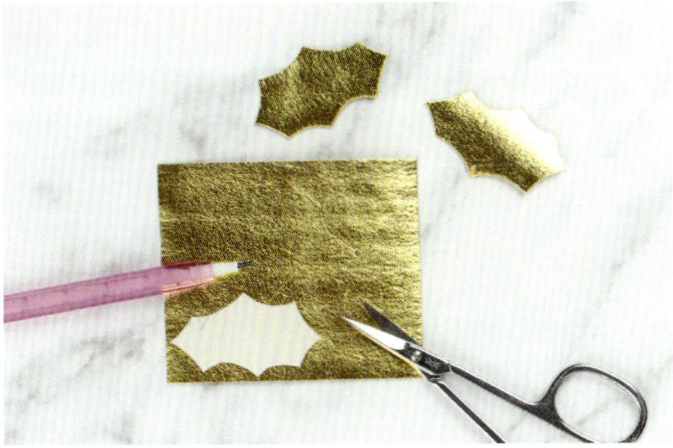

6 Schneide die Ilexblätter mit einer Schere aus dem goldenen SnapPap.

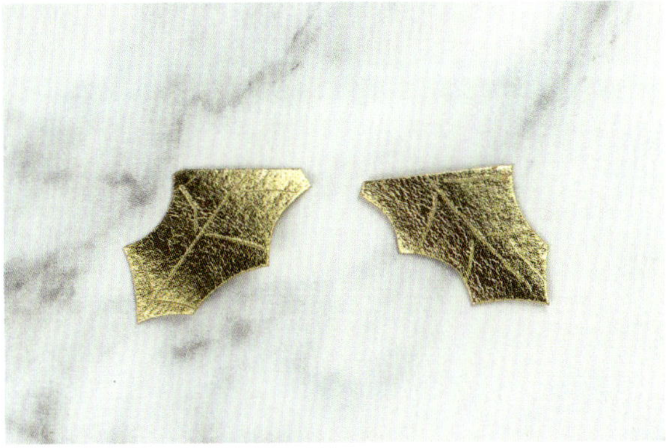

8 Die beiden Blätter, die von unten an die Holzscheibe geklebt werden, schneidest du beide an.

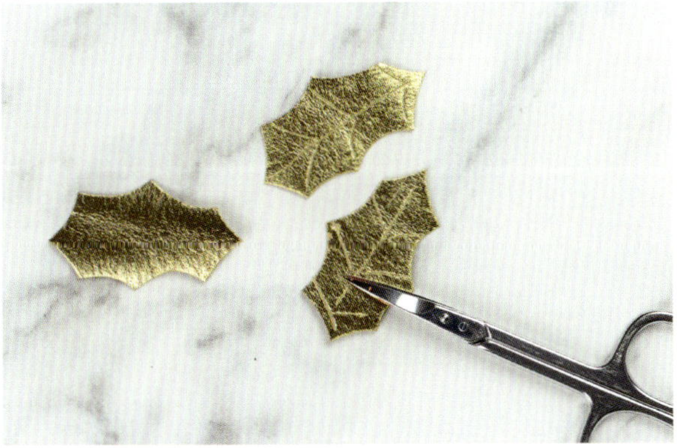

7 Ritze die Blattadern mit einer spitzen Schere in die einzelnen Blätter.

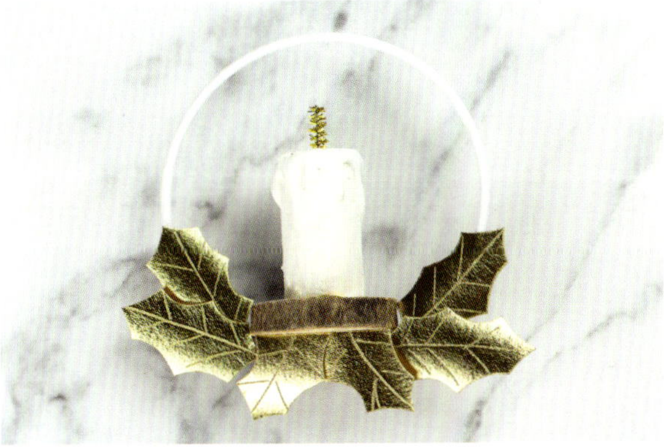

9 Fixiere die Blätter mit Heißkleber.

Fädle ein Stück Twist für die Aufhängung um den Ring.

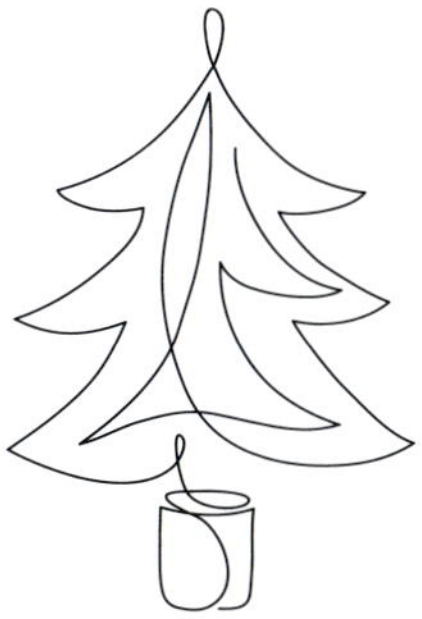

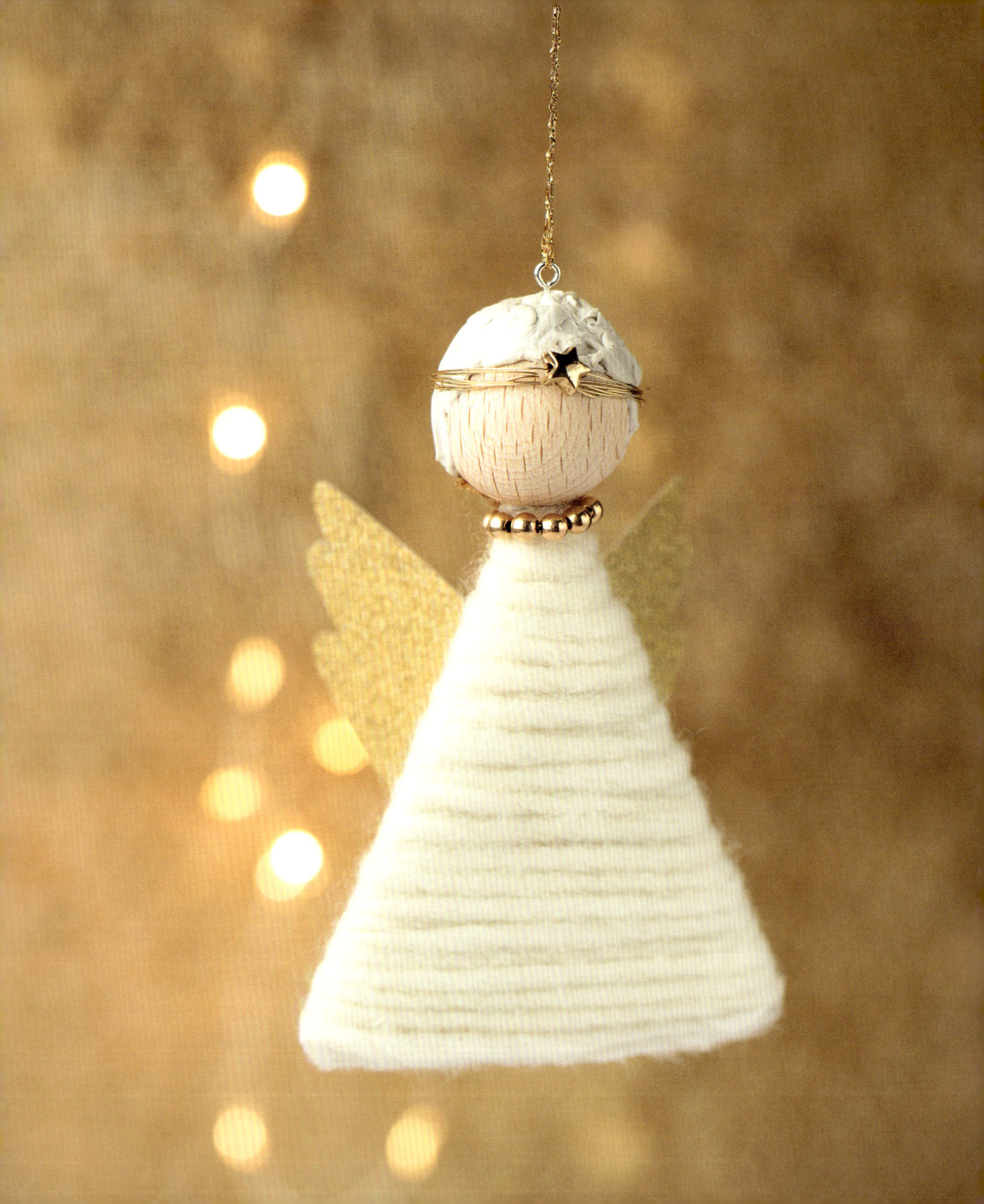

ENGEL AUS PAPPE UND WOLLE

Ein Engel, der sich immer von seiner schönsten Seite zeigt, egal wie man ihn präsentiert.

DAS BRAUCHST DU

Vorlage 5 (siehe S. 122)
Pappe
Glitzerpapier Gold
Super Chunky Wolle Creme (Rico Design – idee. Creativmarkt)
Holzperle, Ø 25 mm (Rico Design – idee. Creativmarkt)
Kettelstift
Basteldraht Gold
Sternperle Gold (Rico Design – idee. Creativmarkt)
Kunststoffperlen Gold, Ø 4 mm (Rico Design – idee. Creativmarkt)
Strukturpaste glatt
Kettelstift (Rico Design – idee. Creativmarkt)
20 cm metallischer Twist
Heißkleber (Rico Design – idee. Creativmarkt)
Schere

SO WIRD'S GEMACHT

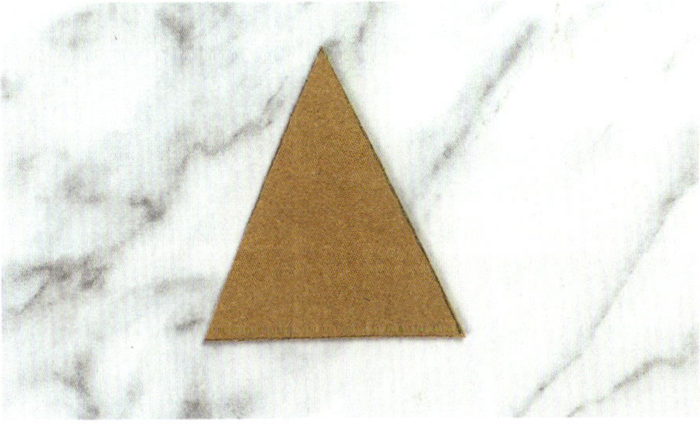

1 Schneide das Dreieck als Basis für den Körper des Engels aus stärkerer Pappe/Karton aus.

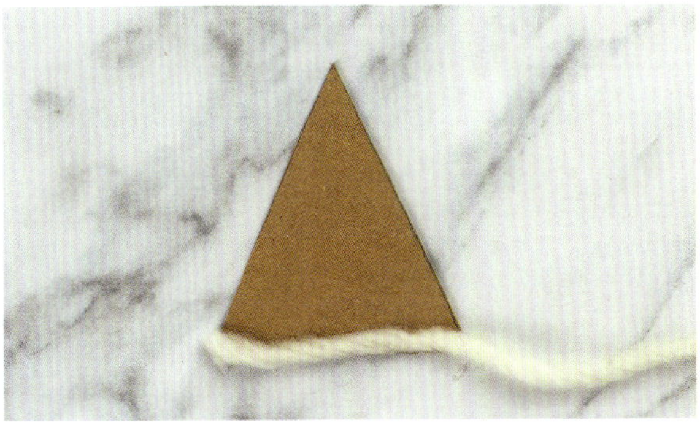

2 Beginne die Wolle am breiten Rand des Dreiecks mit Heißkleber zu fixieren.

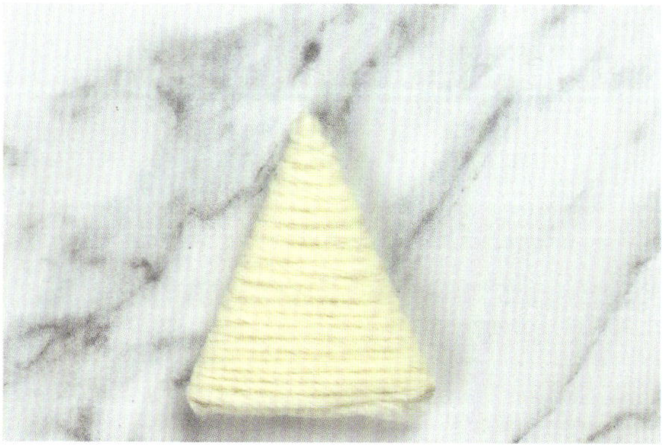

3 Wickel die Wolle gleichmäßig ohne Lücken um die Pappe. Fixiere in Etappen mit Heißkleber.

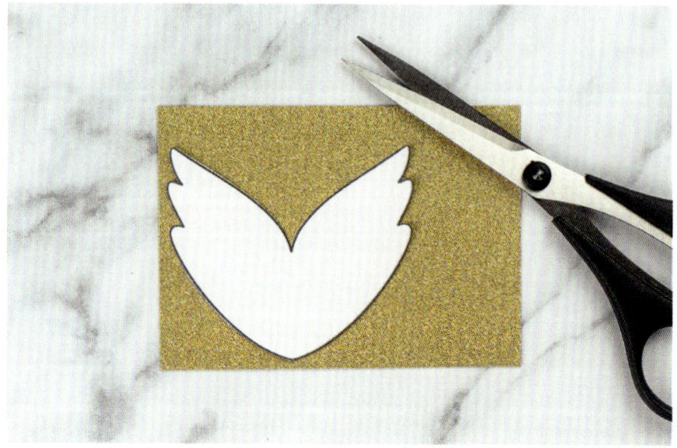

5 Übertrage die Flügel auf Glitzerkarton und schneide sie mit der Schere aus.

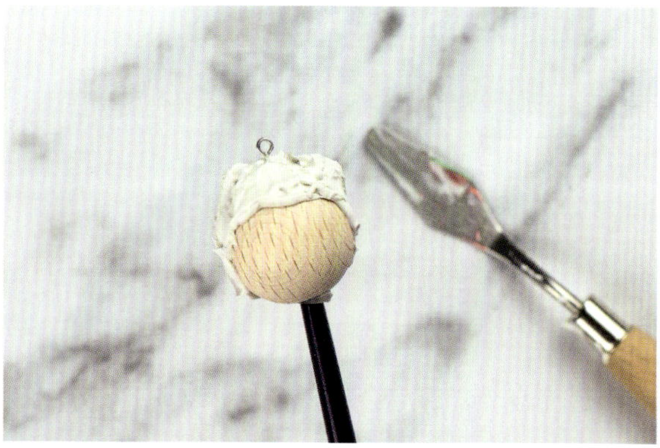

4 Mit Modellierpaste formst du die Frisur des Engels an der Holzperle. Tipp: Stecke dabei die Holzperle auf das Ende eines Pinsels. Stecke den Kettelstift für die spätere Aufhängung in die feuchte Modellierpaste.

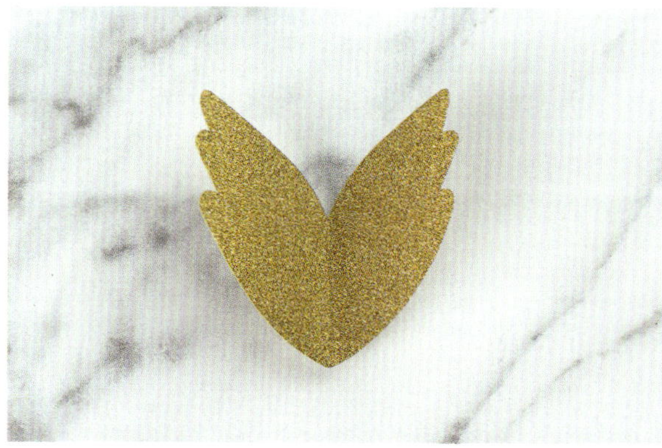

6 Knicke die Flügel mittig in Form.

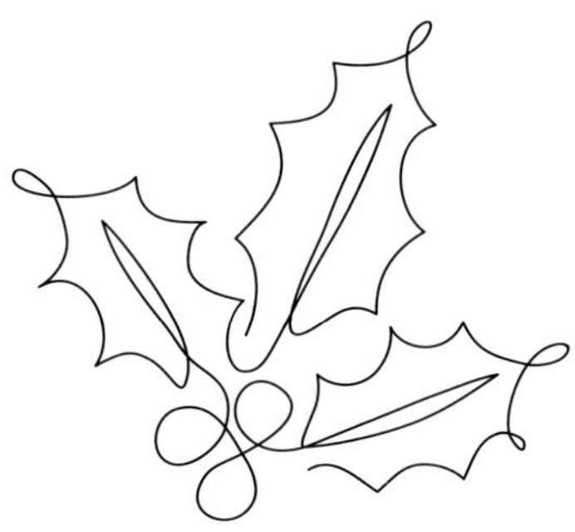

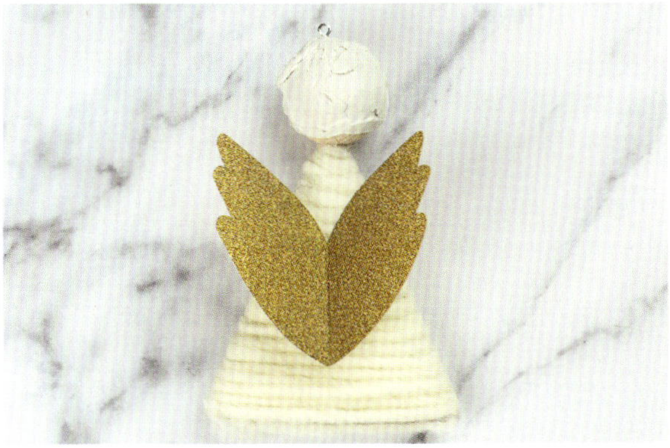

7 Fixiere den Kopf und die Flügel am Körper des Engels. Achte hierbei darauf, dass das Gesicht nach vorne zeigt und die Flügel auf der Rückseite befestigt werden.

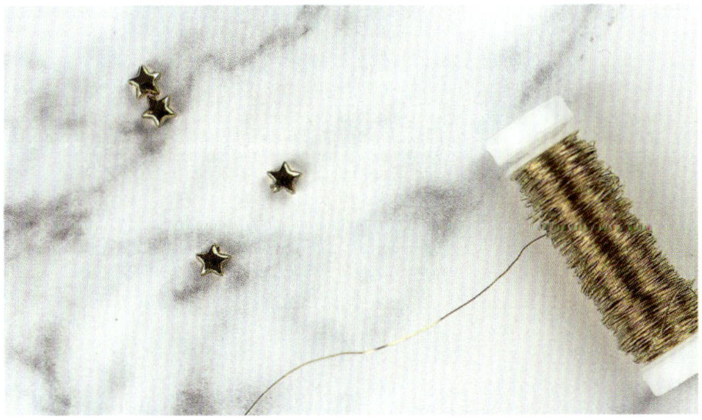

8 Fädle eine kleine Sternperle auf dünnen Basteldraht.

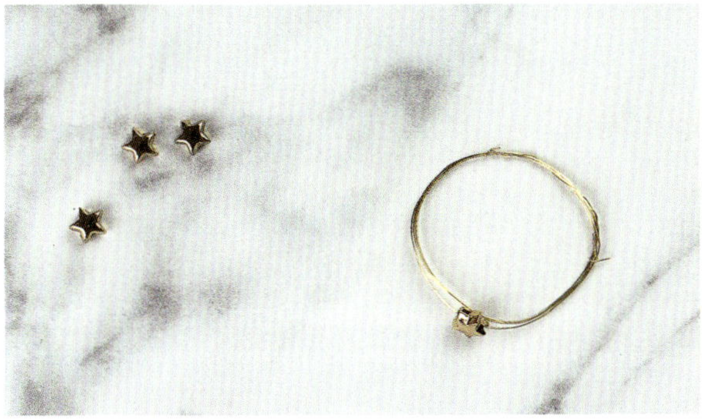

9 Wickel den Draht in einigen Runden, sodass der Ring auf den Kopf des Engels passt.

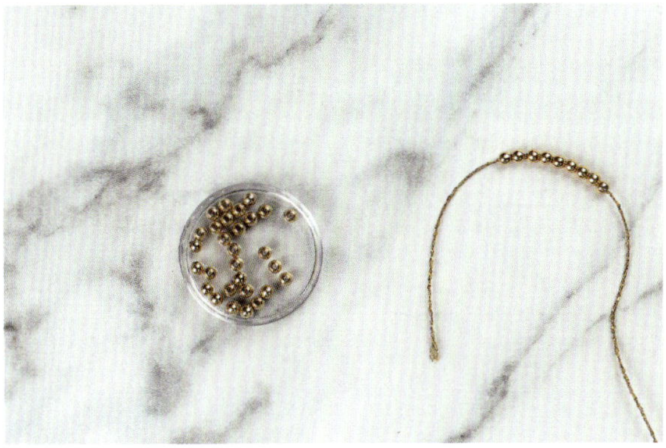

10 Fädle ein paar kleine Perlen auf ein Stück Sticktwist. Dies wird die Kette für den Engel.

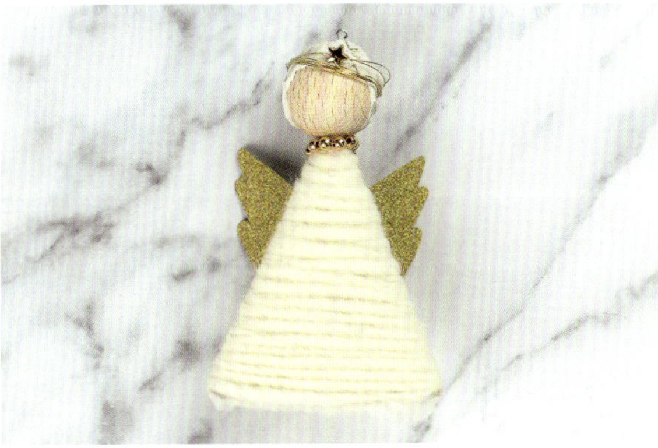

11 Befestige den Kopf- und Halsschmuck.

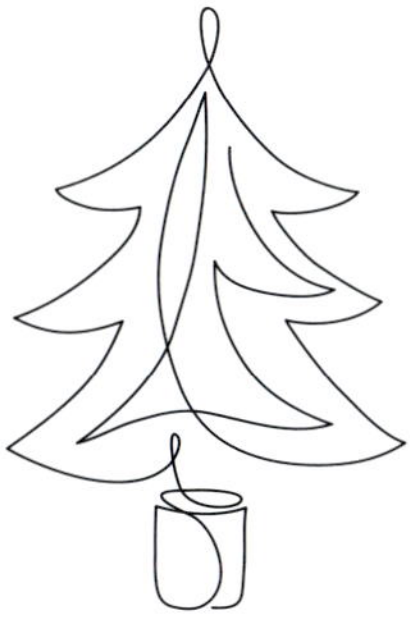

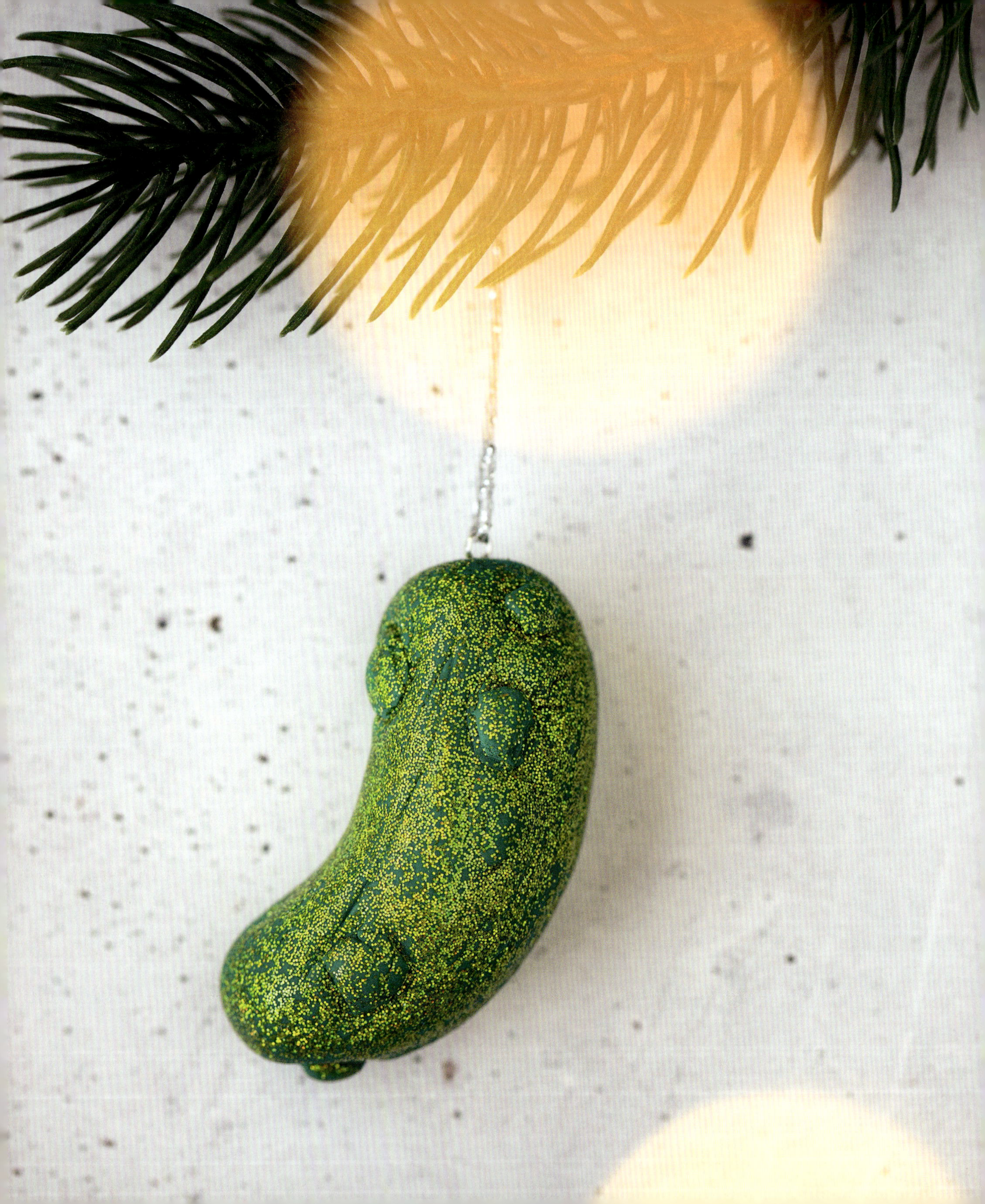

WEIHNACHTSGURKE

Die Weihnachtsgurke tarnt sich gerne tief verborgen im Tannengrün. Wer sie findet, darf das erste Geschenk öffnen.

DAS BRAUCHST DU

Fimo Soft in Smaragd (Staedtler)
Kettelstift (Rico Design – idee. Creativmarkt)
Glitzer in Grün
Modellierwerkzeug (Staedtler)

SO WIRD'S GEMACHT

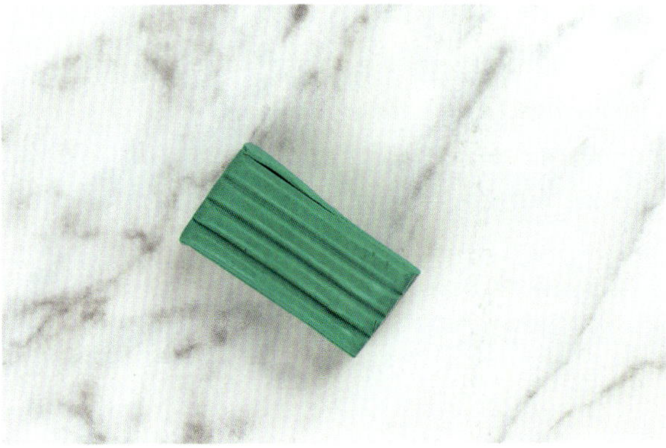

1 Schneide einen halben Block Fimo zurecht.

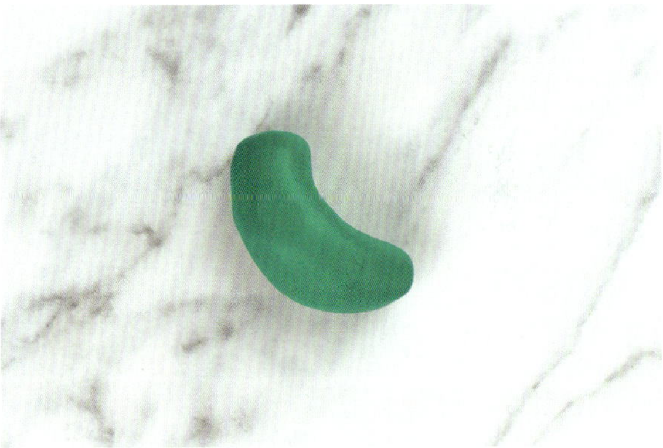

2 Knete das Fimo gut durch und forme daraus die Gurkengrundform.

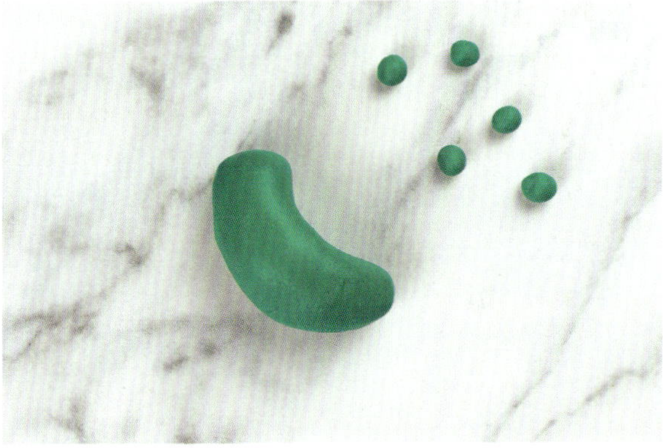

3 Forme einige kleine Kügelchen aus dem Fimo.

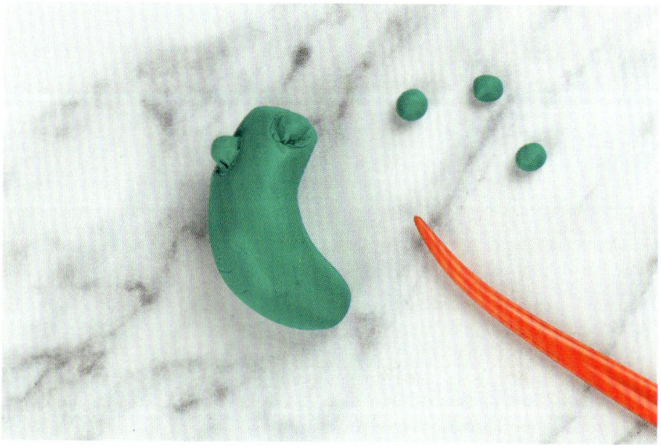

4 Platziere jetzt die Kugeln verteilt auf die Gurke und modelliere diese an.

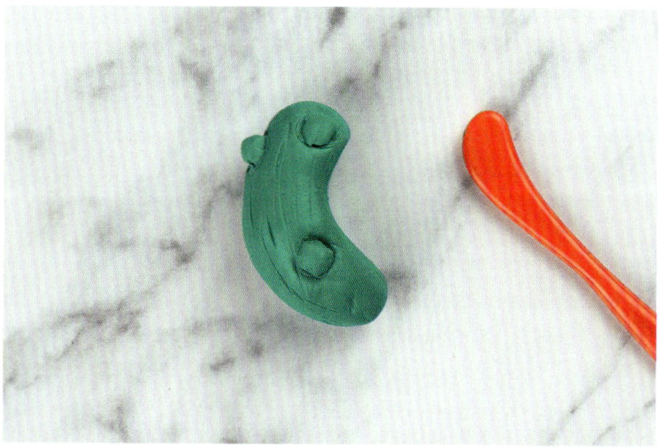

5 Füge zusätzliche Strukturen hinzu.

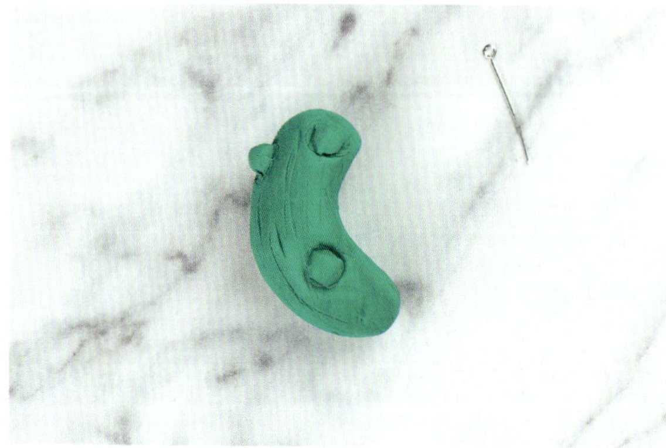

6 Stecke einen Kettelstift für die Aufhängung in ein Ende der Gurke.

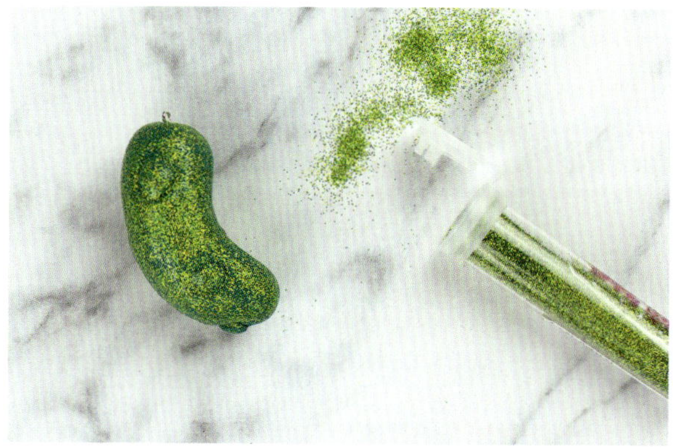

7 Bestreue die Gurke großzügig mit feinem Glitzer. Drücke den Glitzer vorsichtig rundum an. Die Gurke kommt jetzt zum Aushärten 30 Minuten in den Backofen bei 110 °C.

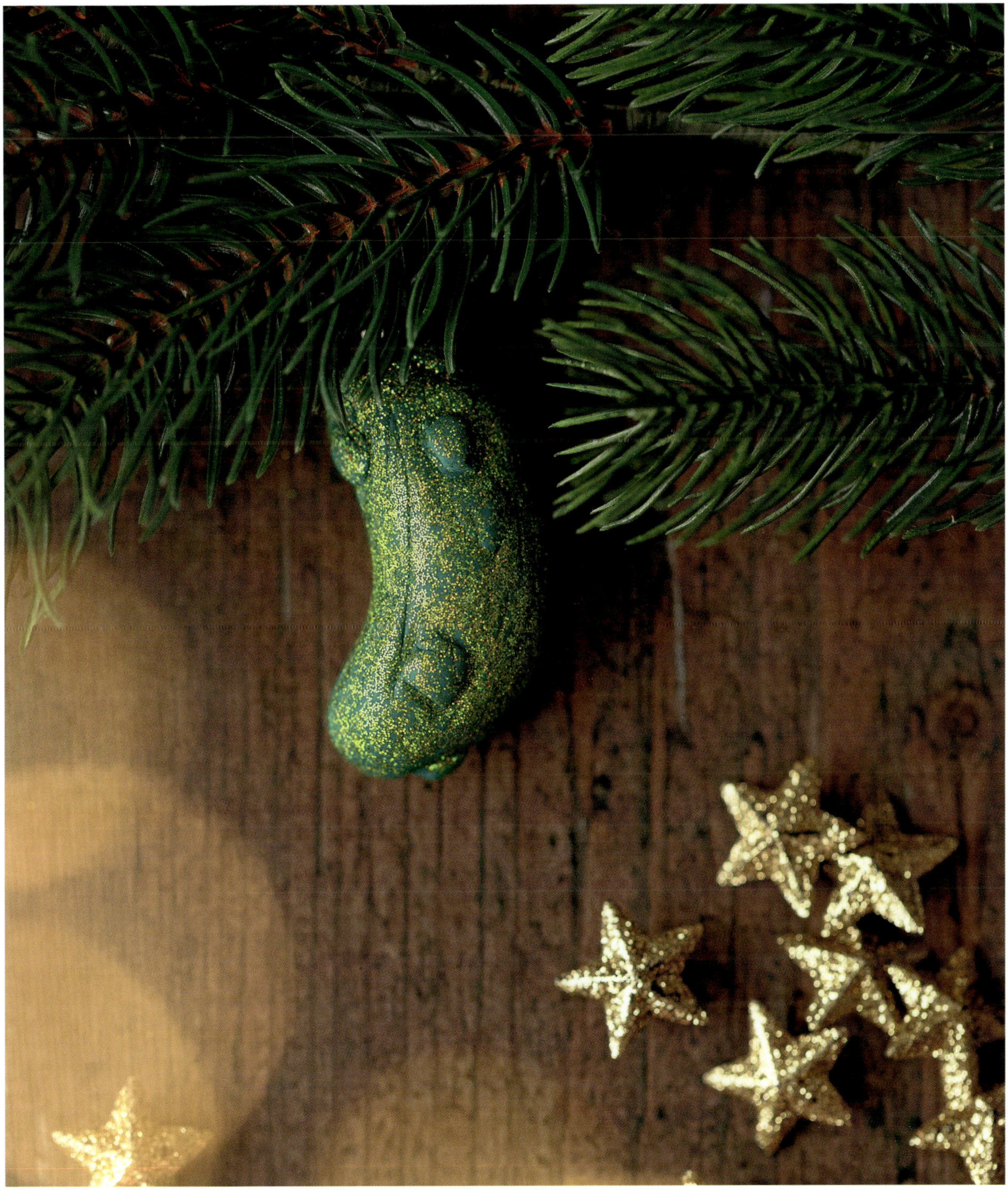

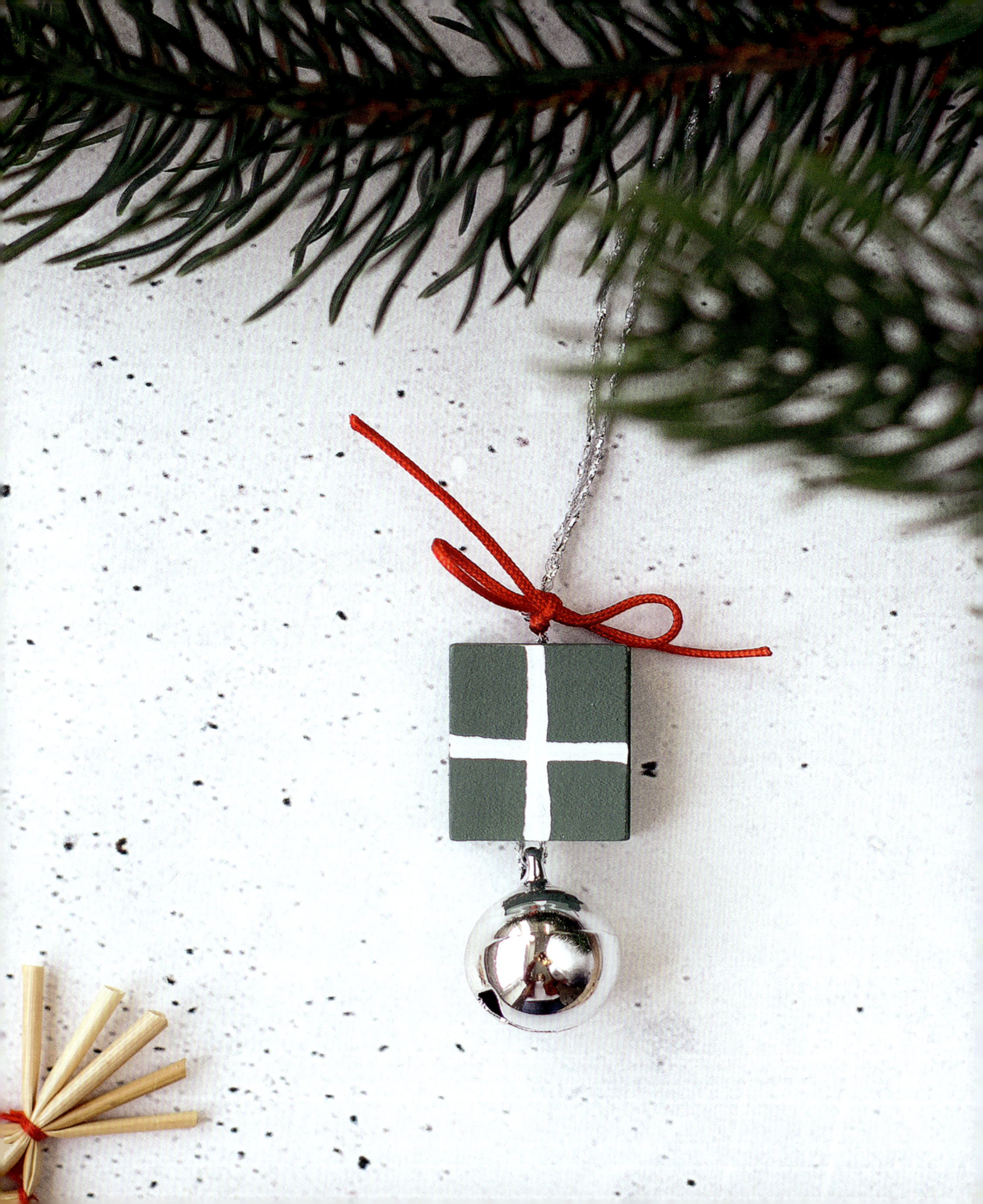

ANHÄNGER AUS HOLZSTEINEN MIT GLOCKE

Diese kleinen Päckchen sind zwar nicht zum Auspacken, dafür bringen sie Abwechslung in den festlichen Baumschmuck. Sie eignen sich auch perfekt als besonderes Highlight bei Geschenkverpackungen.

DAS BRAUCHST DU

Holzsteine/Spielsteine
Glocke
metallischer Twist
Makrameeband 1 mm Rot (Rico Design – idee. Creativmarkt)
Acryl Mattfarbe in Russischgrün (Kreul)
Kreativmarker in Weiß
Heißkleber (Rico Design – idee. Creativmarkt)
Pinsel
Schere

SO WIRD'S GEMACHT

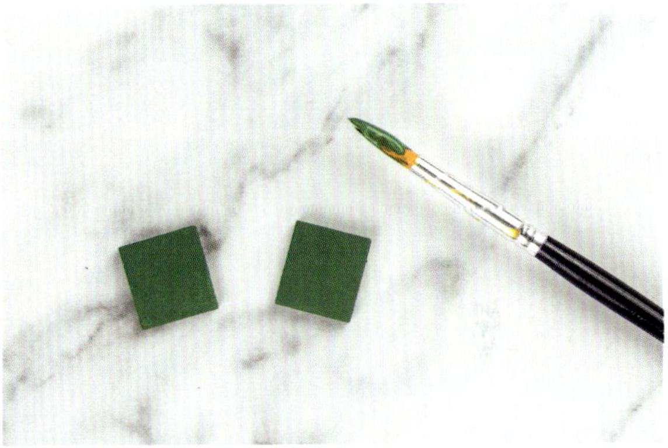

1 Male die beiden Holzsteine von einer Seite und allen Seitenkanten flächig an.

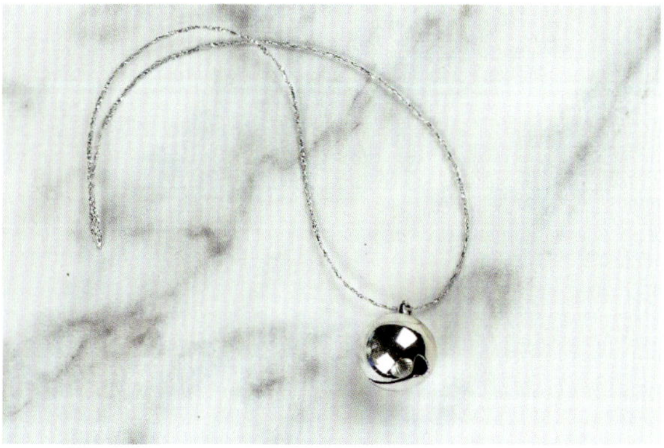

2 Fädle eine Glocke auf den Sticktwist auf.

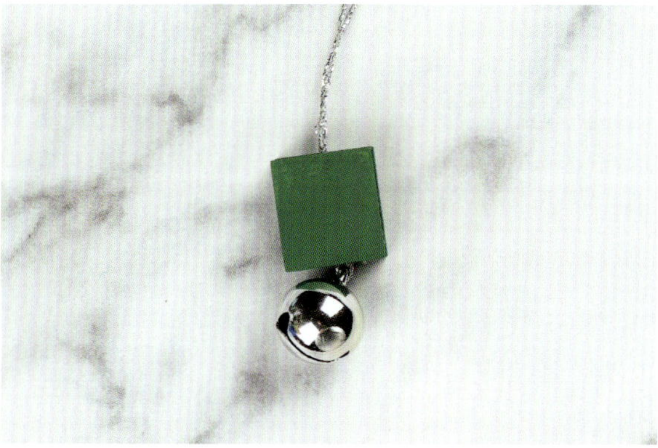

3 Klebe den Sticktwist samt der Glocke mittig zwischen die beiden Holzsteine.

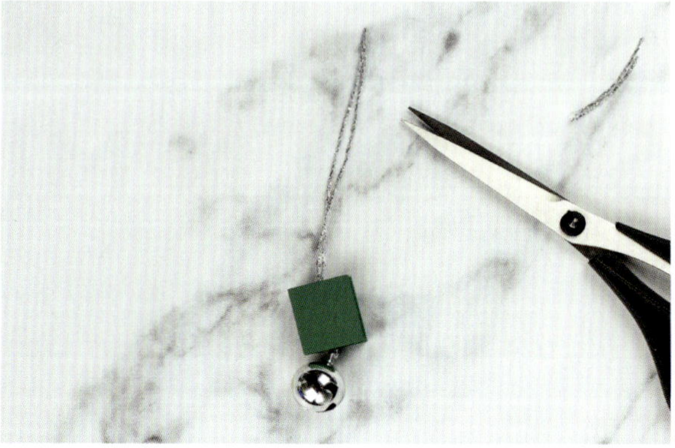

4 Mache einen Doppelknoten in das Ende des Twists und kürze die beiden Fadenenden bündig mit der Schere.

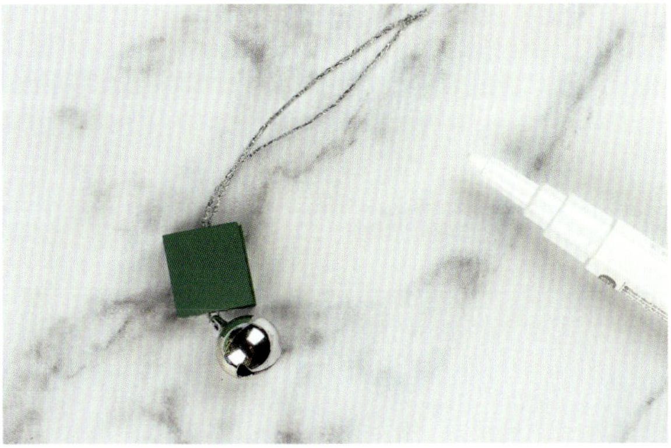

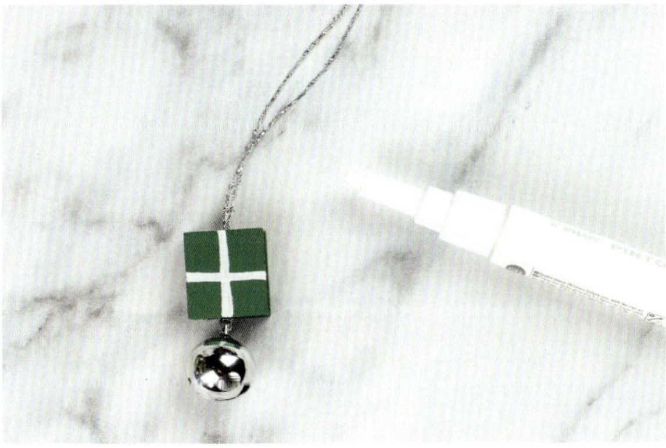

5 Verziere die Holzsteine mit einem Kreativmarker.

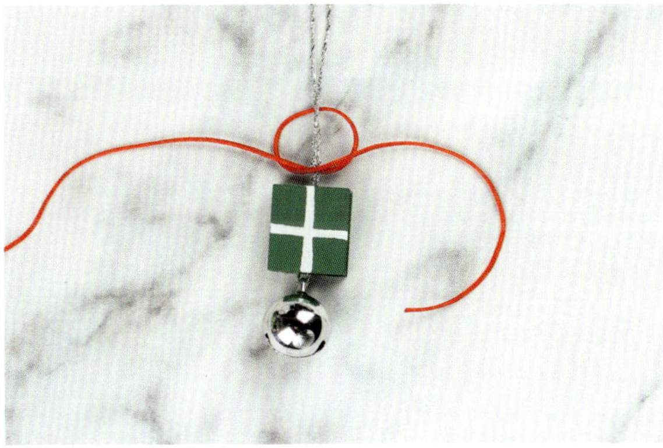

6 Befestige ein Stück farbiges Band an dem Twist.

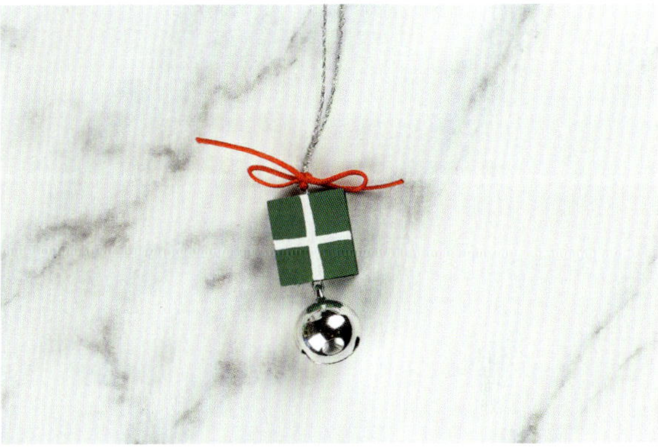

7 Knote eine Schleife und kürze die Fadenenden mit der Schere.

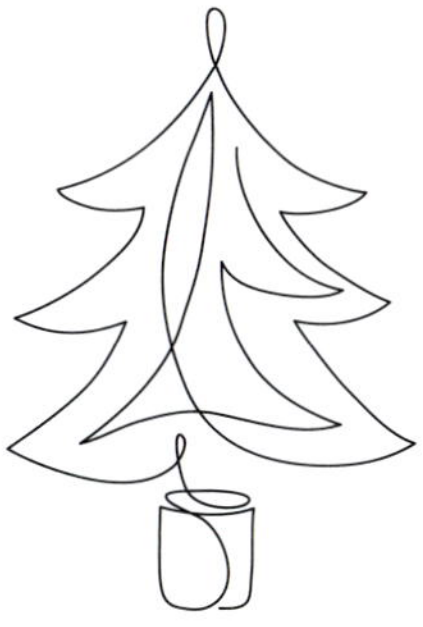

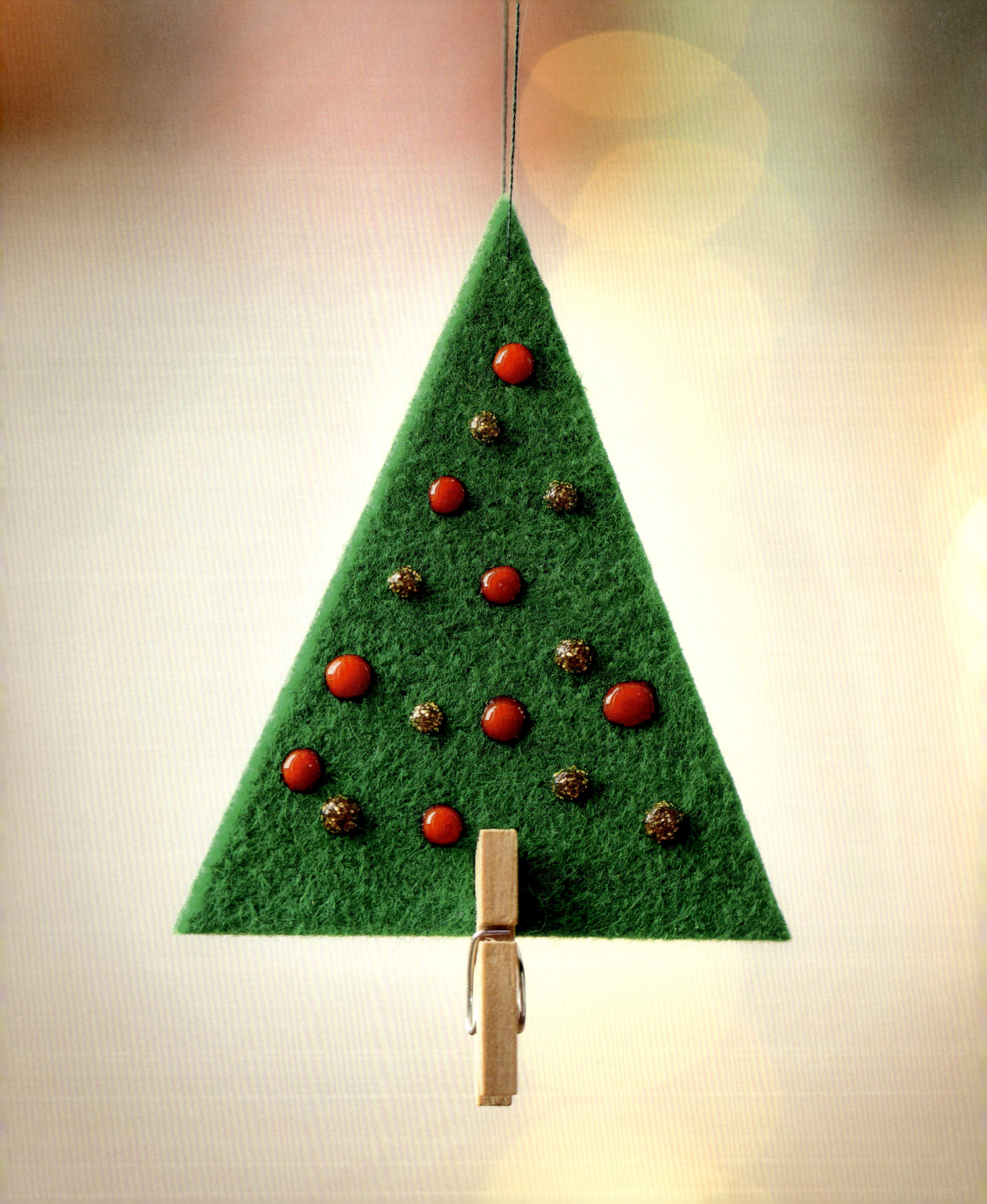

TANNENBÄUME AUS FILZ

Minimalistische Tannenbäume mit 3D-Kugeln als perfekte Last-Minute-Dekoration.

DAS BRAUCHST DU

Filz 3 mm in Grün und Dunkelgrün (Rico Design – idee. Creativmarkt)
Glitter Pluster Pen in Rot (Kreul)
Glitter Pluster Pen in Gold (Kreul)
Holzklammer (Rico Design – idee. Creativmarkt)
Nadel und Faden
Schere

SO WIRD'S GEMACHT

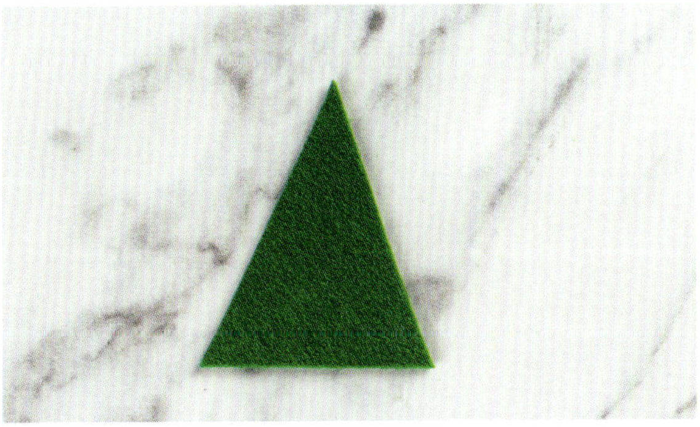

1 Schneide Dreiecke aus dem Filz mit der Schere aus.

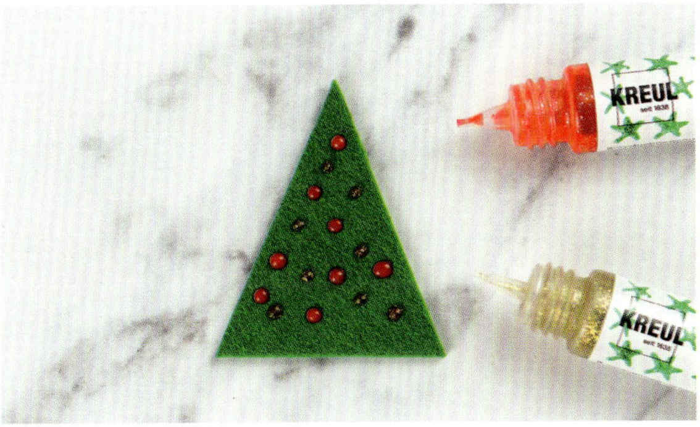

2 Mit den Glitter Pluster Pens malst du jetzt einige Punkte auf den Tannenbaum aus Filz. Lasse alles gut trocknen.

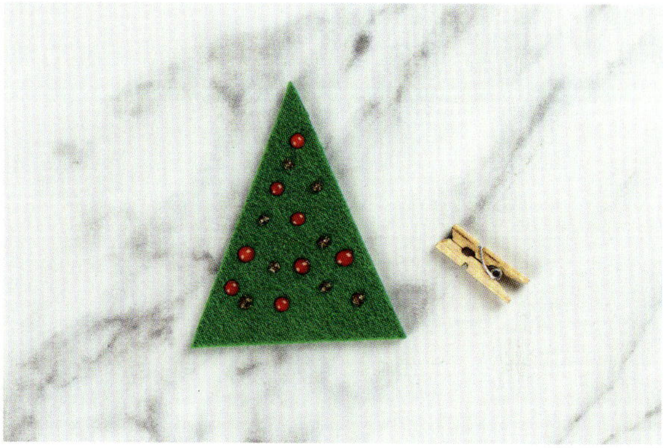

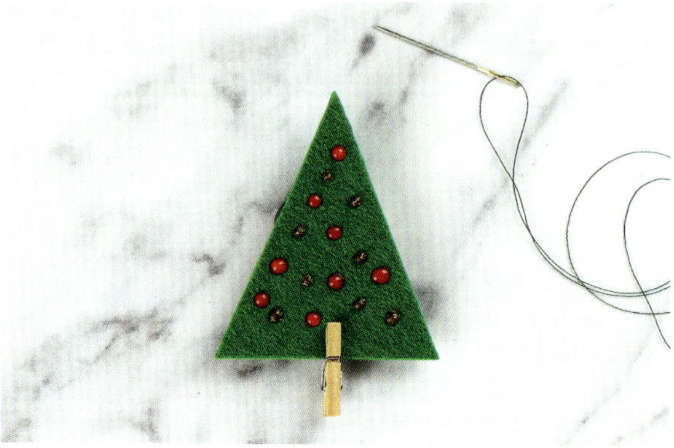

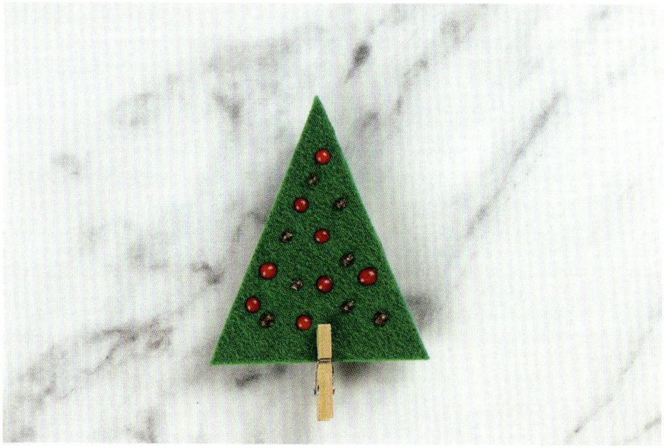

3 Klemme die kleine Holzklammer als Stamm an die untere Kante des Filzdreiecks.

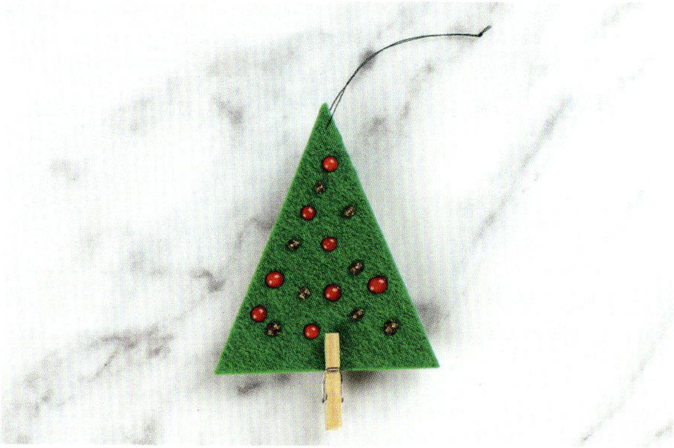

4 Fädle mit einer Nadel ein Stück Nähgarn für die Aufhängung durch die Spitze des Tannenbaumes.

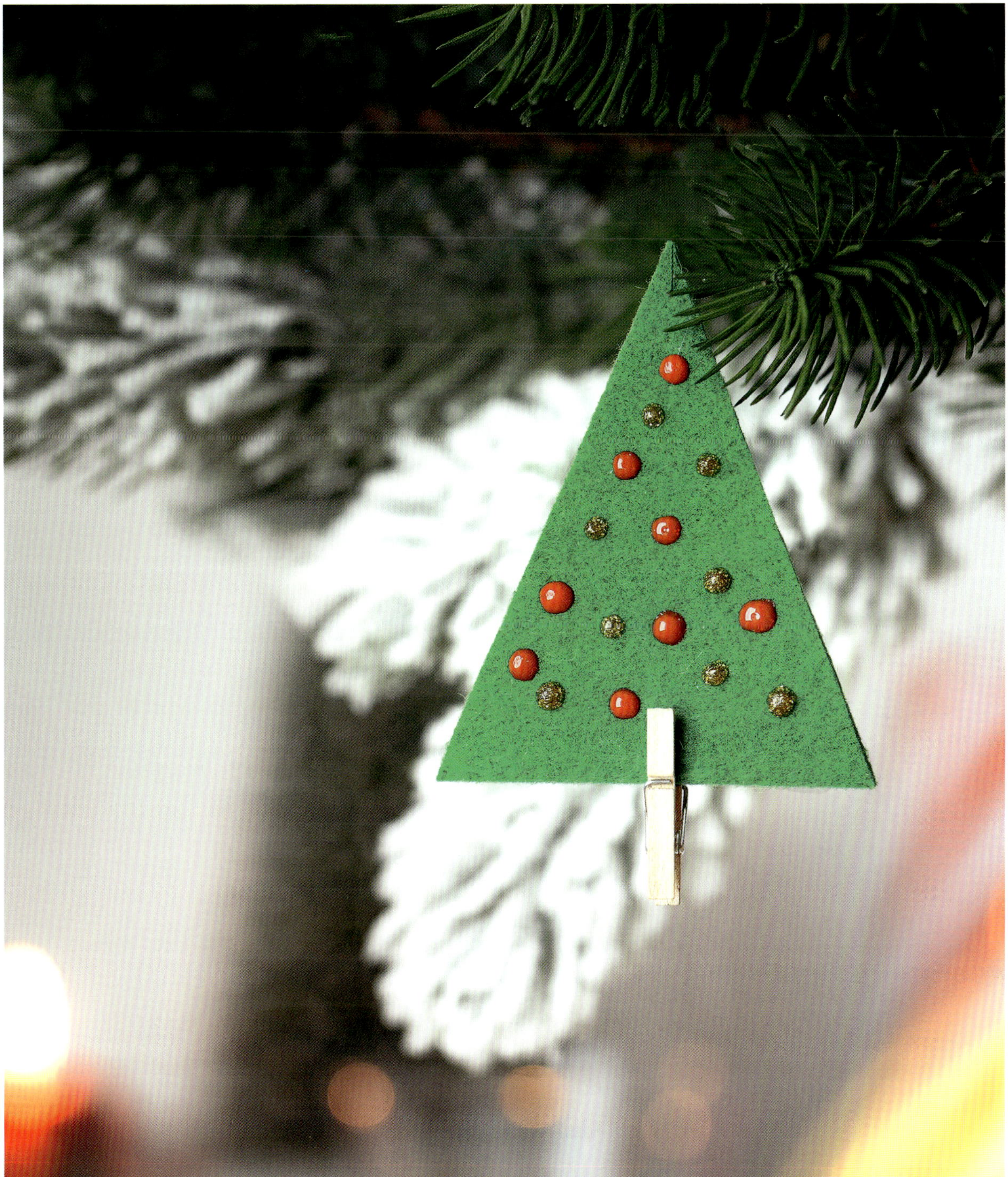

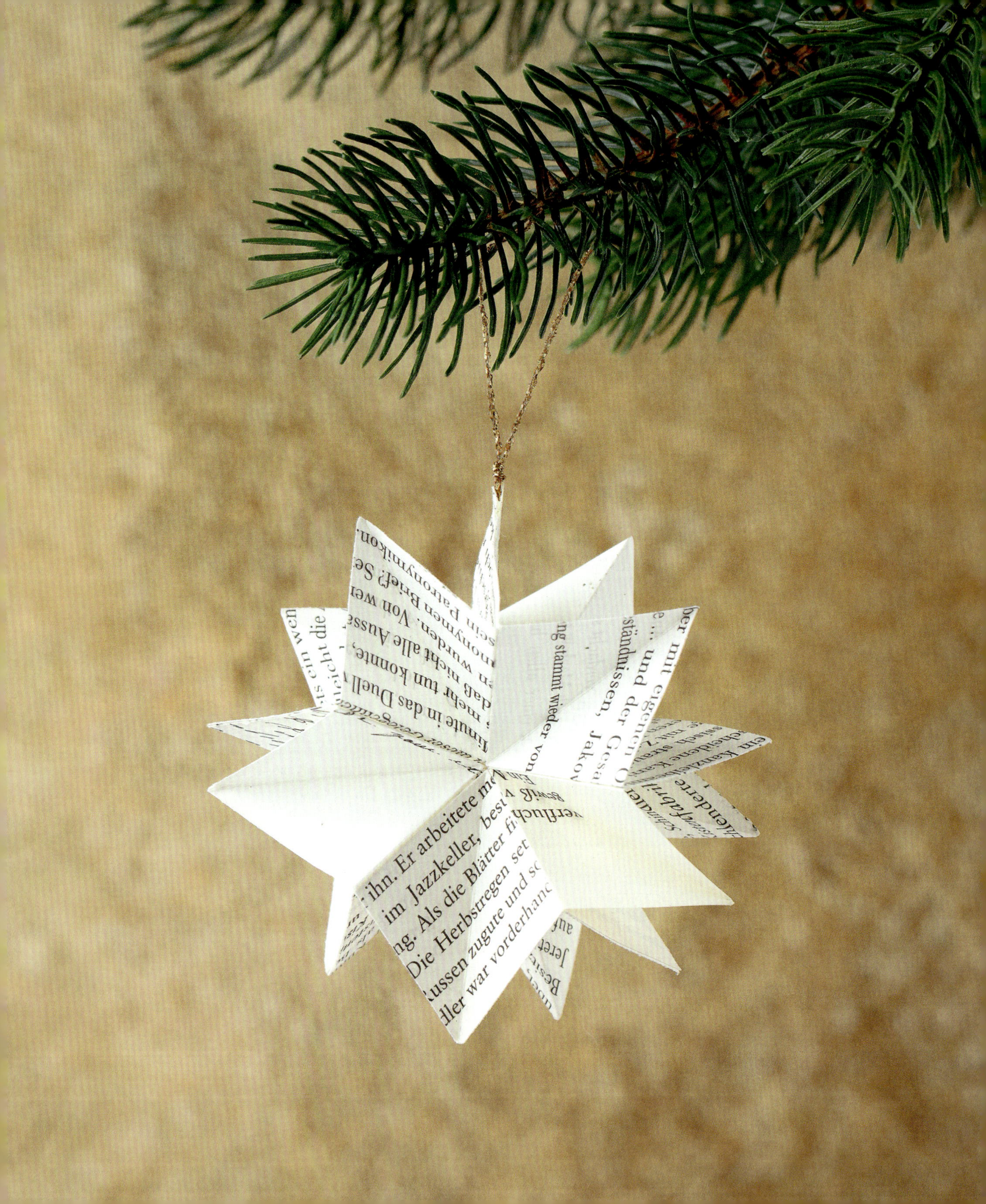

PAPIERSTERN

Papierkunst am Tannenbaum. Ungenutzte Buchseiten erstrahlen als zarter Stern in neuem Glanz. Diese Upcycling-Idee ist schnell umgesetzt und ein Highlight an jedem Baum.

DAS BRAUCHST DU

5 Papierquadrate 6 x 6 cm
Twist/Garn
Klebestift (UHU – idee. Creativmarkt)
Falzbein

SO WIRD'S GEMACHT

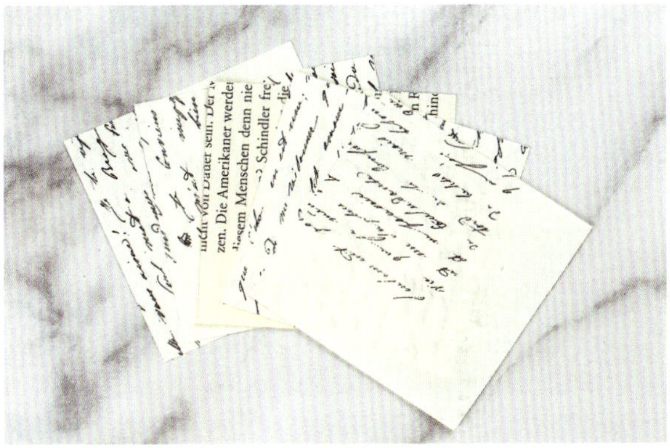

1 Für einen Papierstern benötigst du fünf gleich große Quadrate.

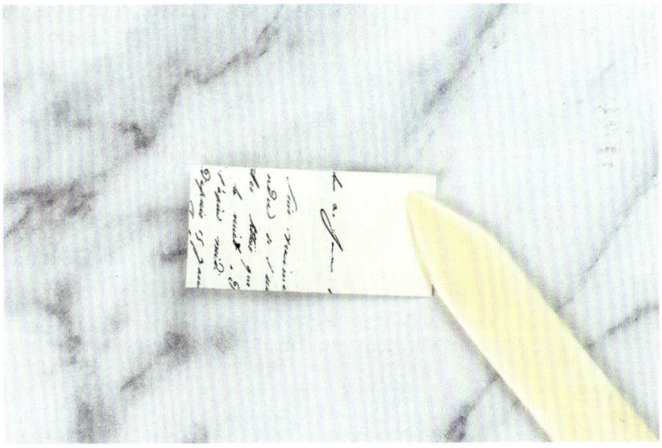

2 Falte das Papier in der Mitte zu beiden Seiten hin und klappe es wieder auf.

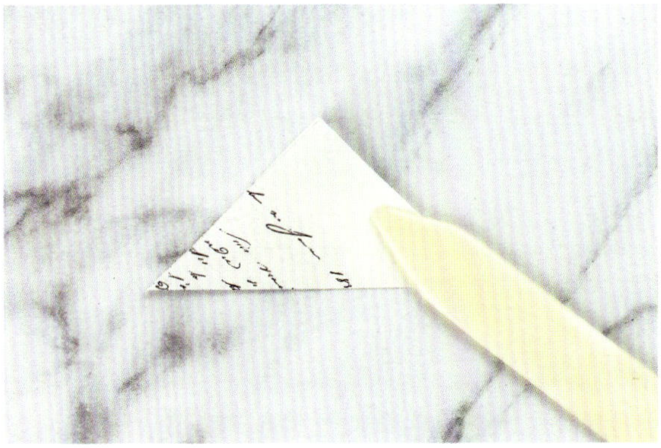

3 Falte das Papier einmal in der Diagonale.

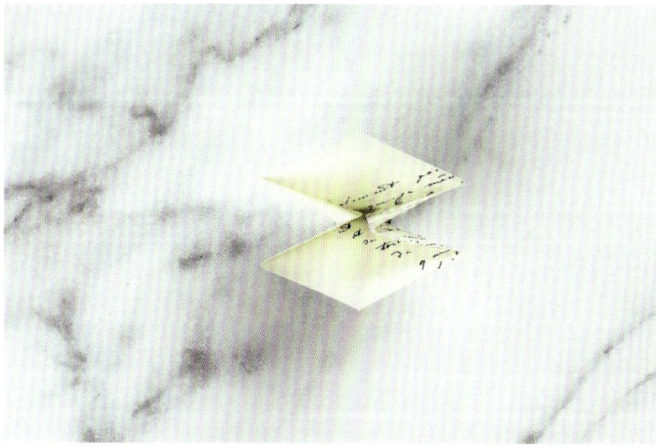

4 Falte das Quadrat anhand der gefalzten Linien zur Mitte nach innen zusammen. Hier siehst du das gefaltete Quadrat von oben.

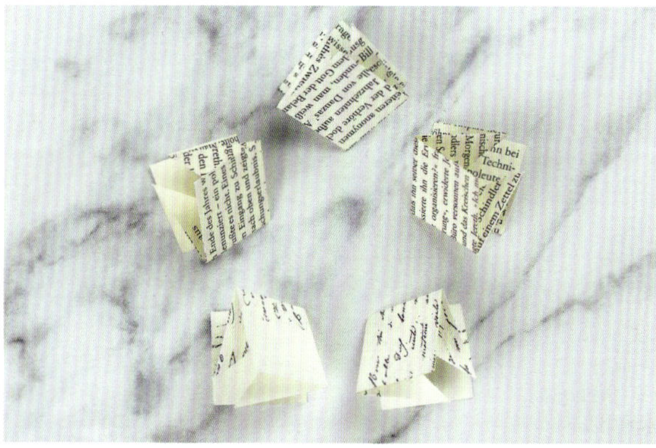

5 Falte alle fünf Papierzuschnitte in Form.

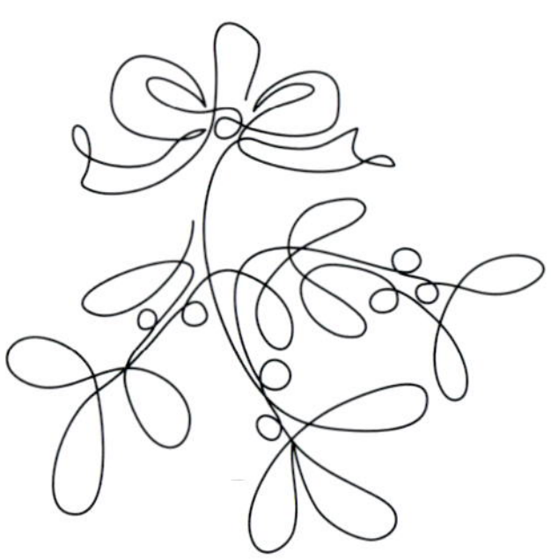

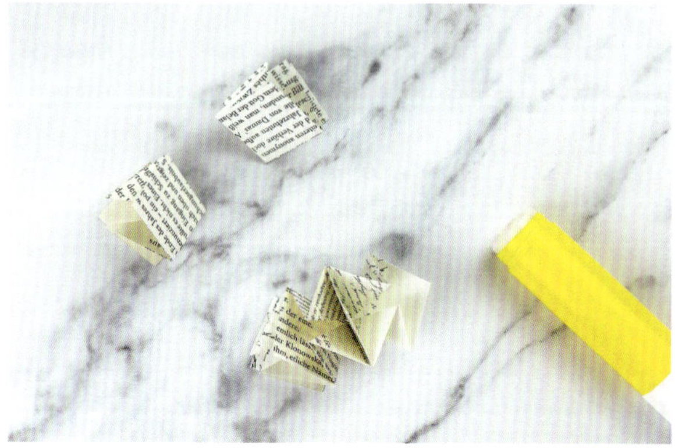

6 Klebe alle 5 Teile aneinander. Achte hierbei darauf, dass die offene Seite bei allen fünf Teilen in die gleiche Richtung zeigen.

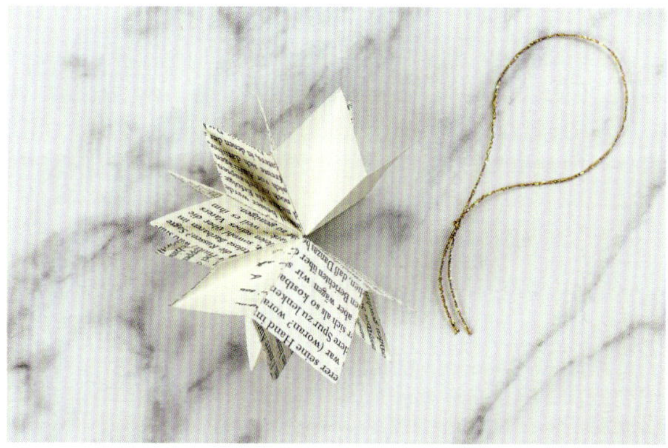

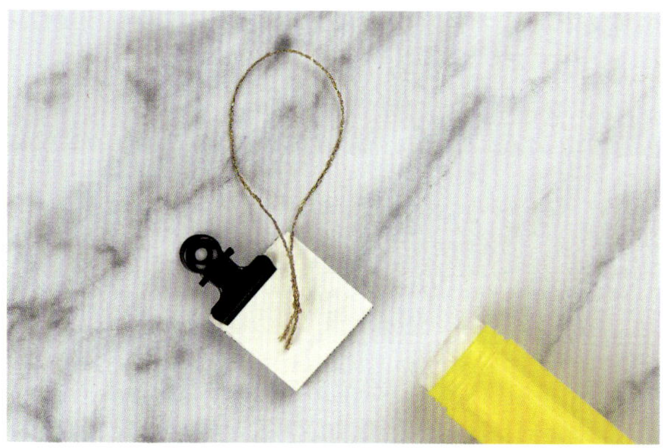

7 Klebe eine Aufhängung aus Twist/Garn dazwischen, bevor du den Stern mit Kleber verschließt.

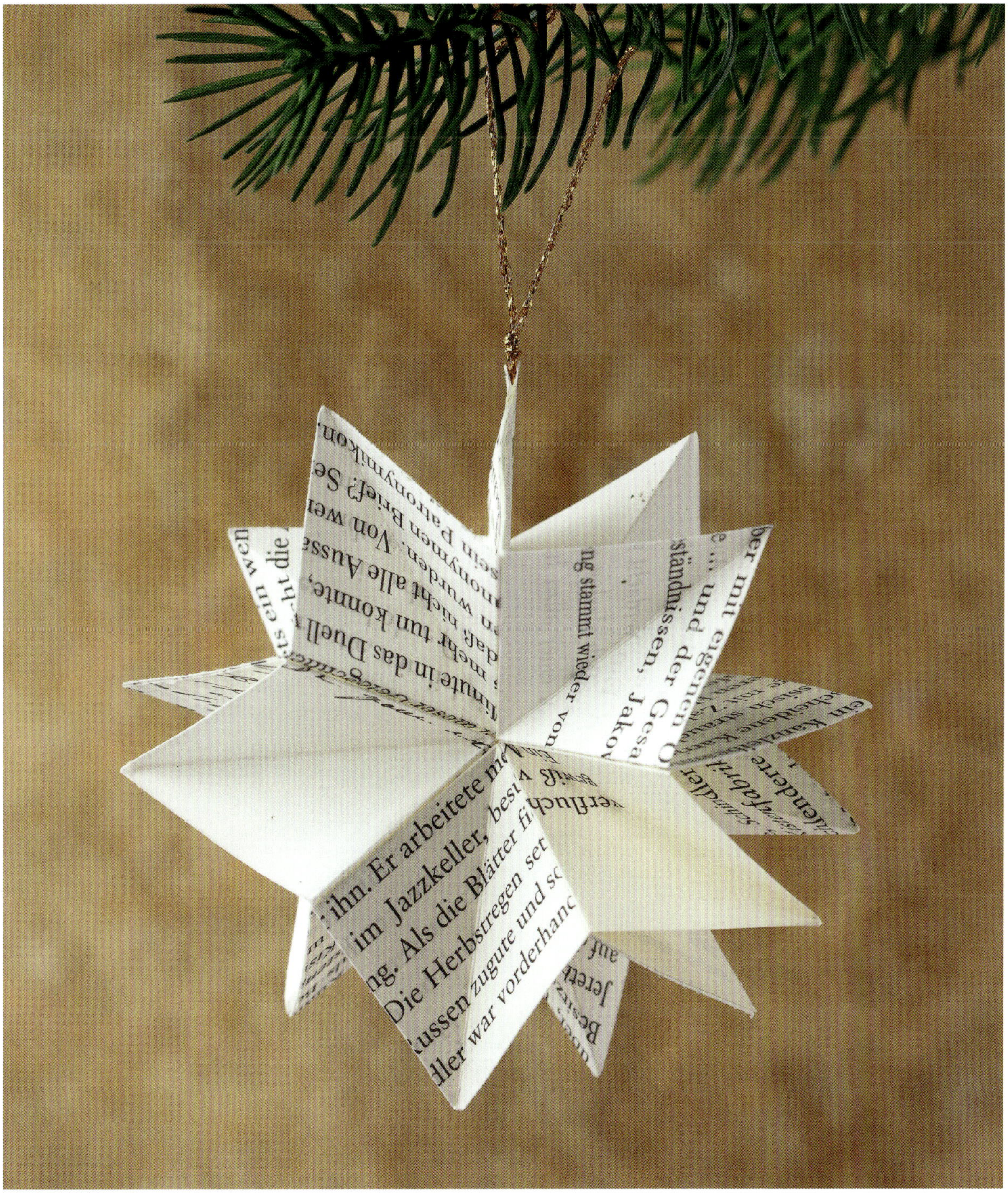

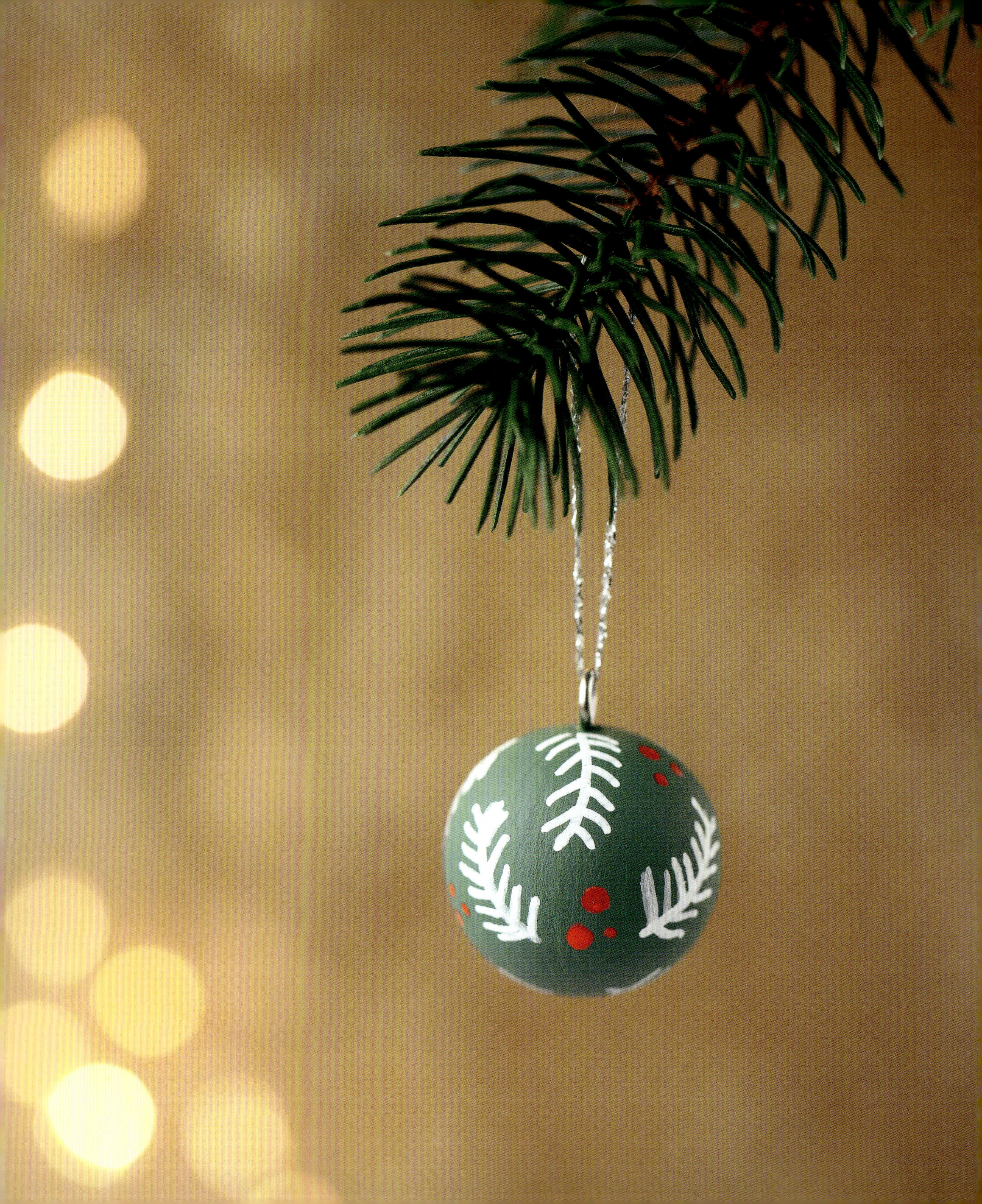

BEMALTE HOLZKUGELN

Als Abwechslung zu glänzenden Kugeln wird diese Holzkugel mit winterlichen Schneezweigen und rote Beeren verziert. Klein, aber fein!

DAS BRAUCHST DU

Holzkugel, Ø 30 mm
Ösenschraube
Acryl Mattfarbe in Russischgrün (Kreul)
Acryl Glanzfarbe in Rot (Kreul)
Kreativmarker in Weiß
metallischer Twist
Pinsel

SO WIRD'S GEMACHT

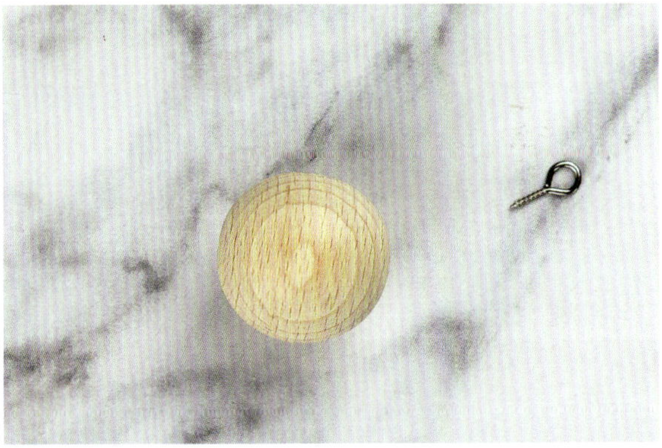

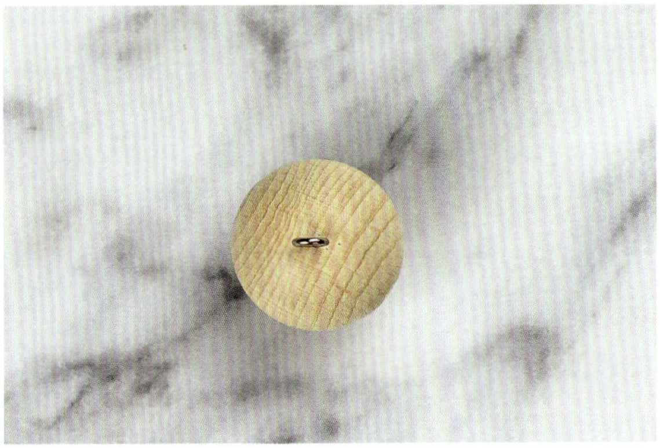

1 Befestige die Ösenschraube an der Holzkugel.

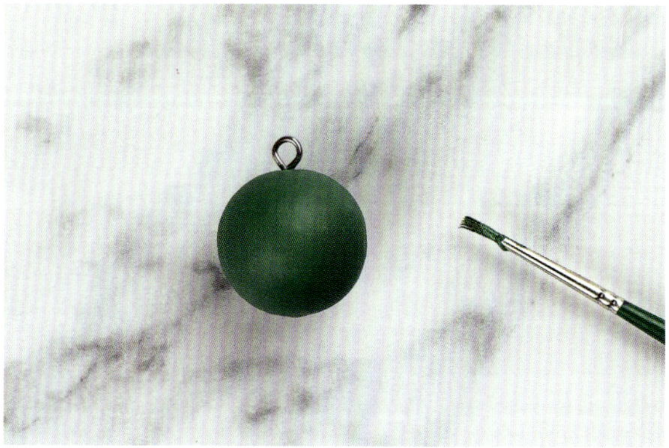

2 Male die Holzkugel flächig an und lasse die Farbe gut trocknen.

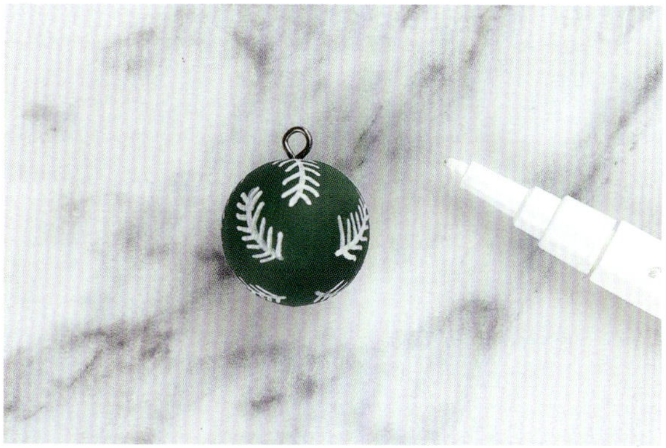

3 Male Zweige mit einem Kreativmarker auf die Holzkugel.

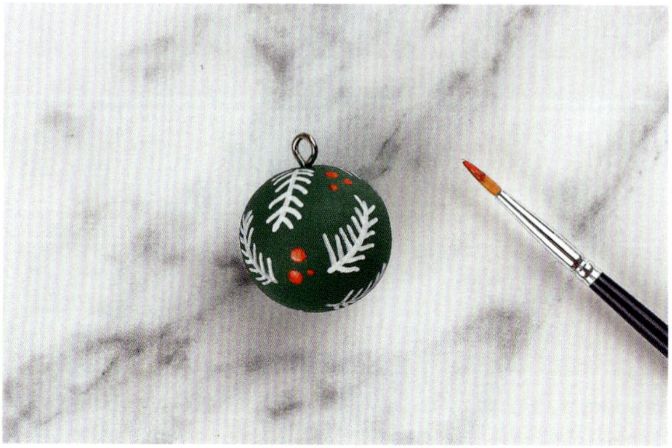

4 Male ein paar rote Beeren zwischen die Zweige und führe den Twist als Aufhängung durch die Öse.

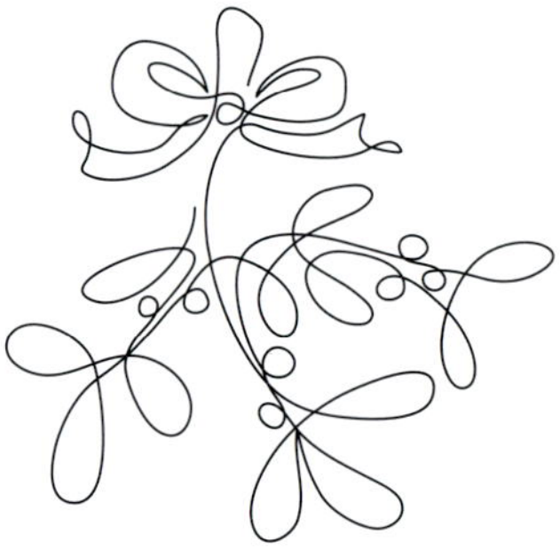

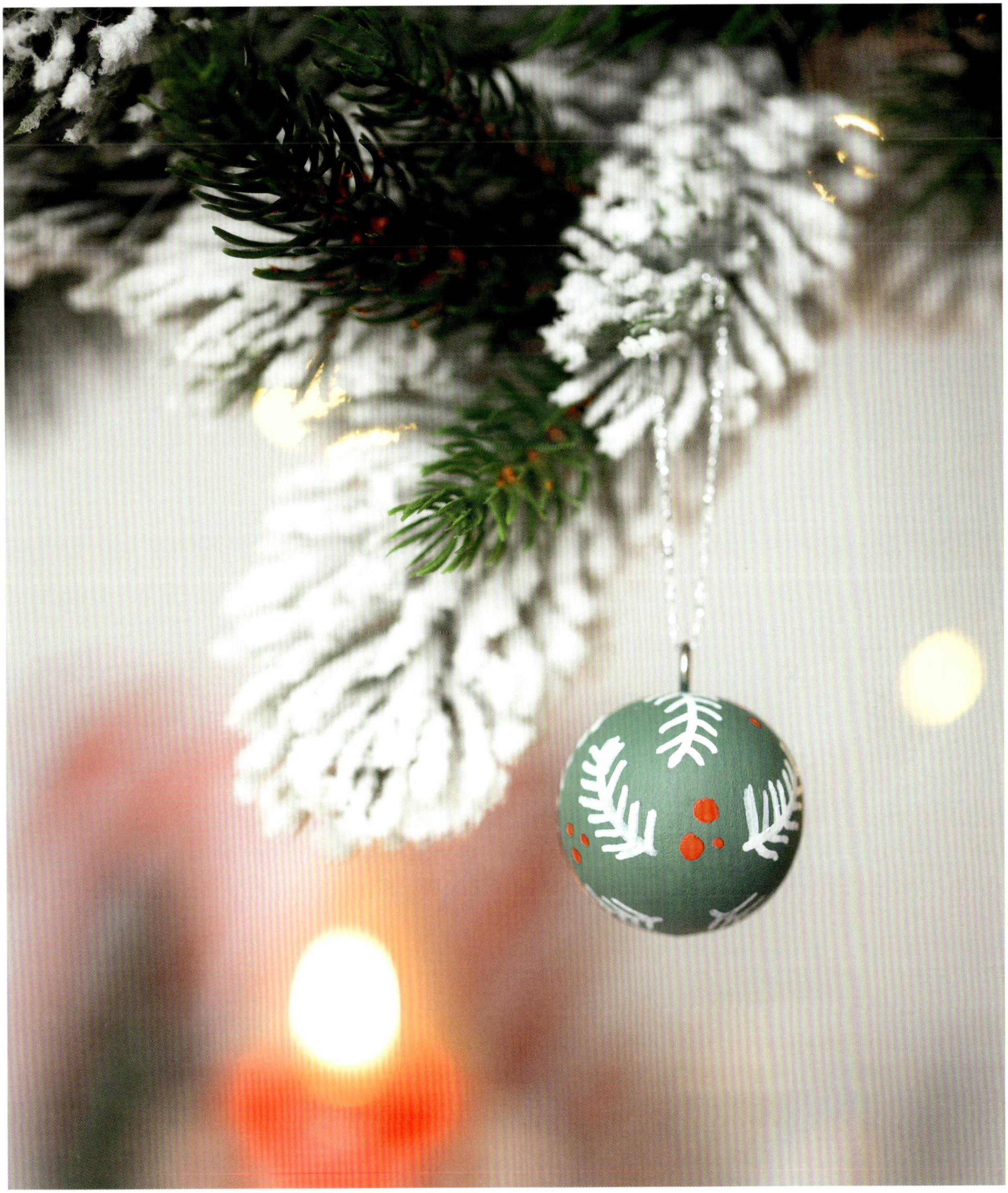

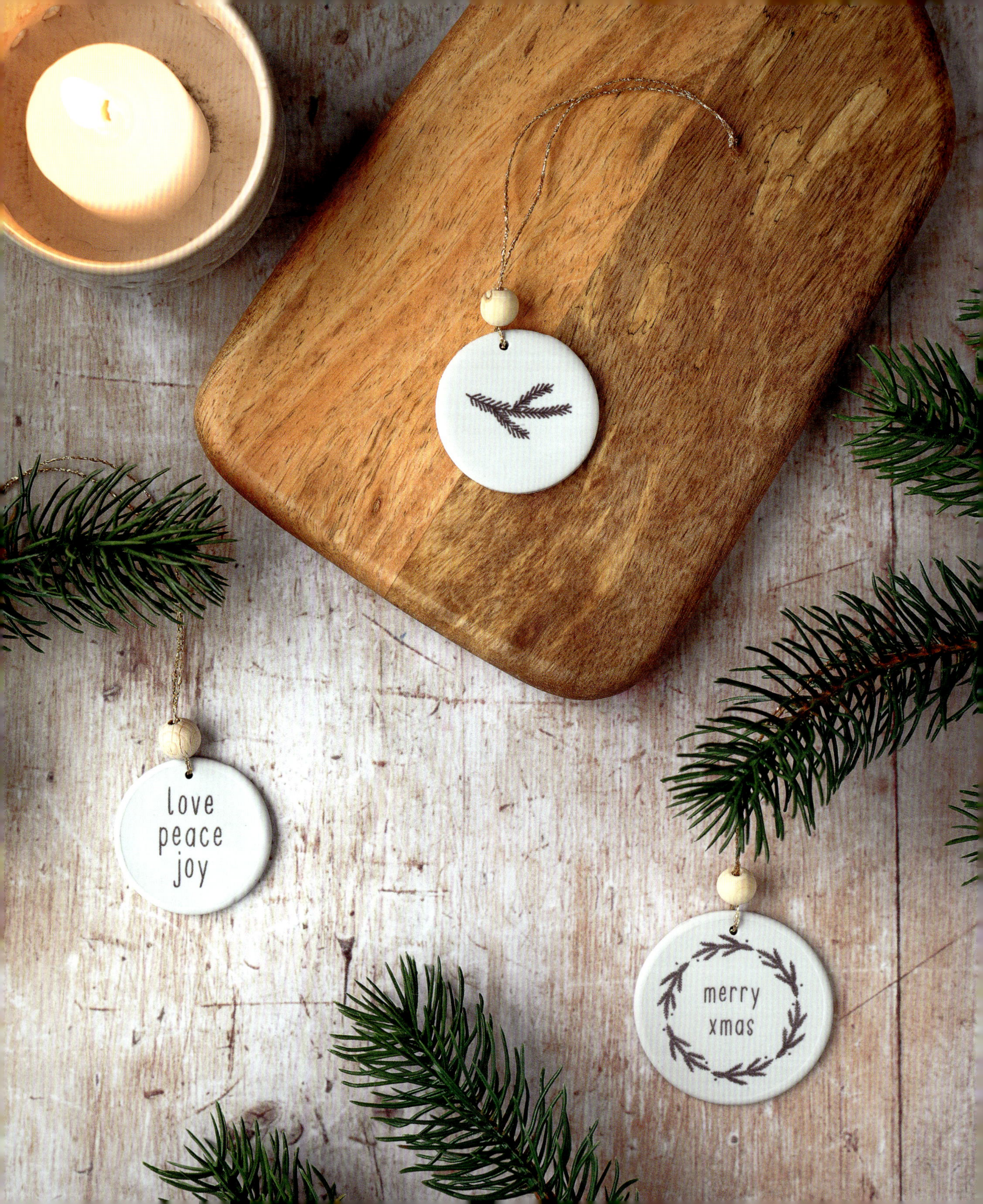
love
peace
joy
merry
xmas

FIMO TRANSFER

Vom Papier an den Baum. Fimo reagiert auf magische Weise mit Laserdruck. So entstehen minimalistische Anhänger mit zauberhaften Motiven.

DAS BRAUCHST DU

Vorlage 6 (siehe S. 123)
Ausdrucke auf Kopierpapier
Holzperle, Ø 10 mm (Rico Design – idee. Creativmarkt)
Fimo Soft in Delfingrau (Staedtler)
Twist
Acrylroller (Staedtler)
Schere
Ausstechformen
Nadel

SO WIRD'S GEMACHT

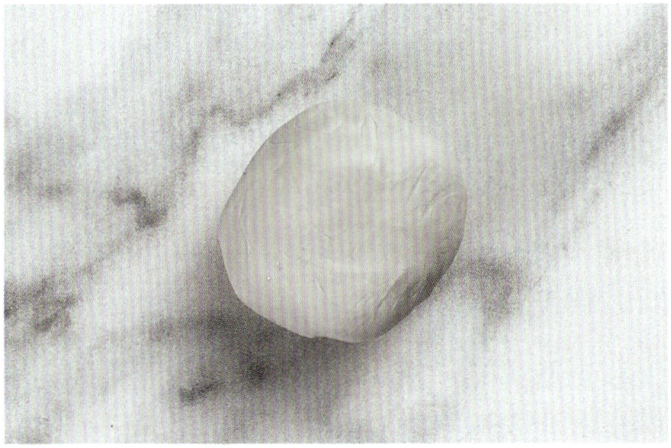

1 Knete das Fimo gut durch.

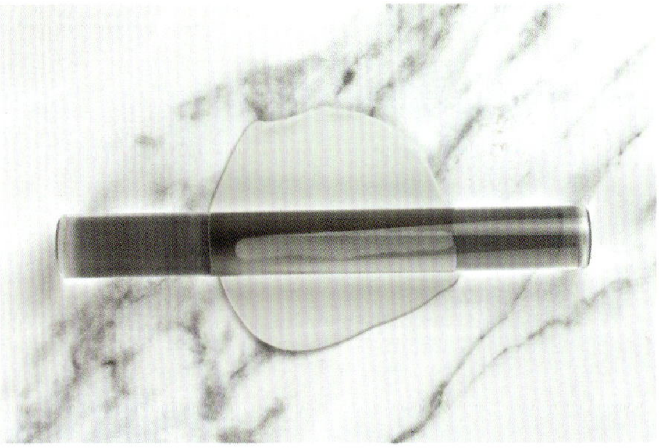

2 Rolle das Fimo auf eine Dicke von ungefähr 0,5 cm aus.

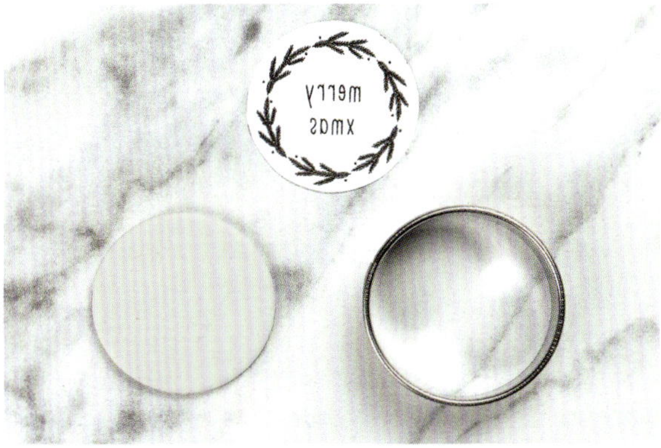

3 Drucke die Vorlagen mit einem Laserdrucker aus. Steche Kreise in der entsprechenden Größe mit einem Ausstecher aus dem Fimo.

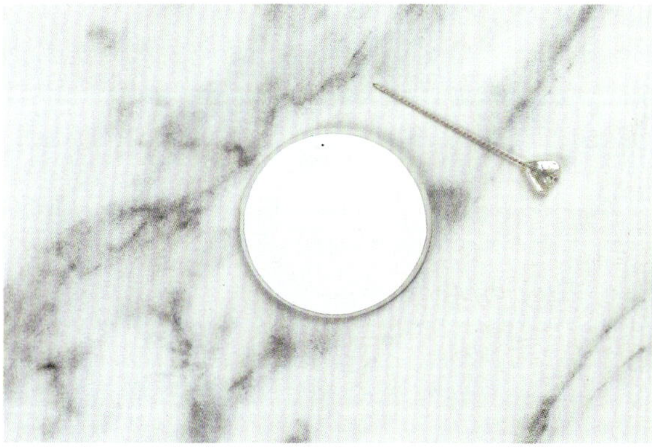

4 Lege die Vorlage mit der bedruckten Seite auf das Fimo. Drücke sie vorsichtig und sorgfältig an. Steche mit einer Nadel ein Loch für die Aufhängung durch Papier und Fimo. Backe das Fimo samt Papier 30 Minuten bei 110 °C im Backofen aus.

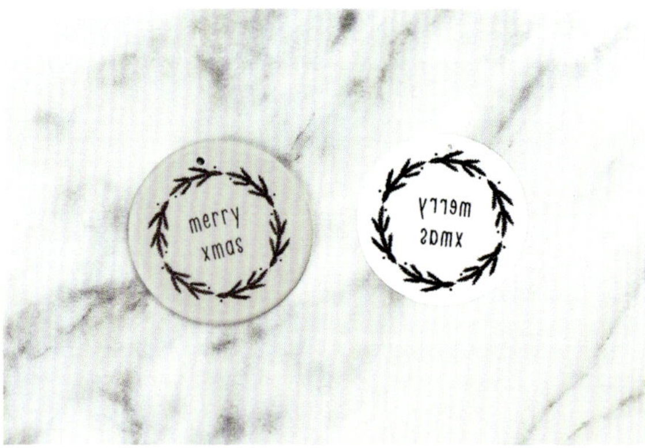

5 Entferne das Papier.

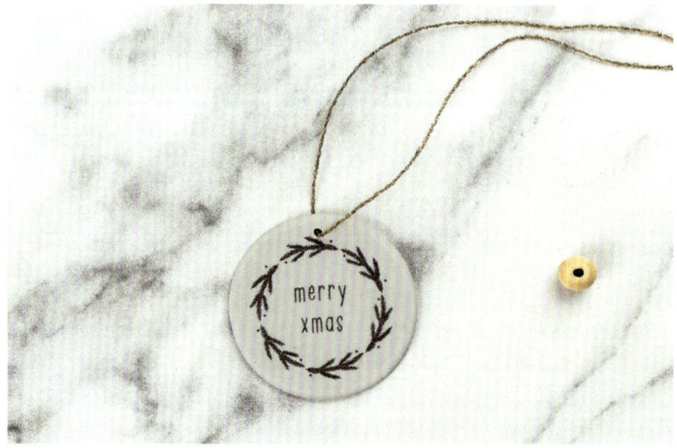

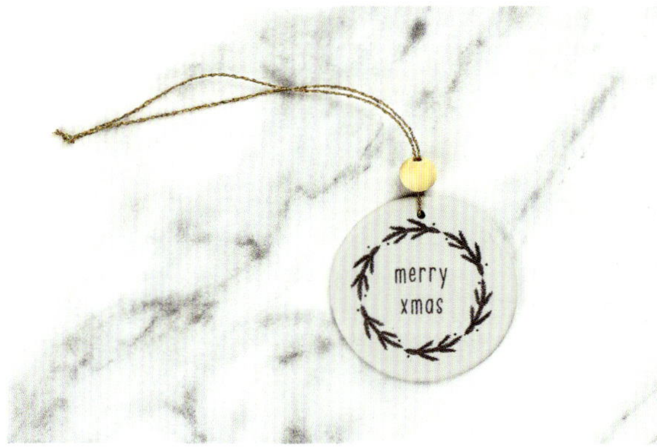

6 Fädle den Sticktwist für die Aufhängung durch das Loch des Anhängers und fädle eine Holzperle mit auf.

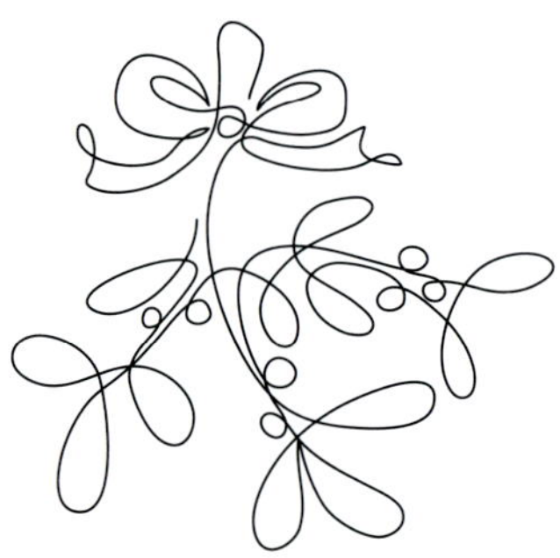

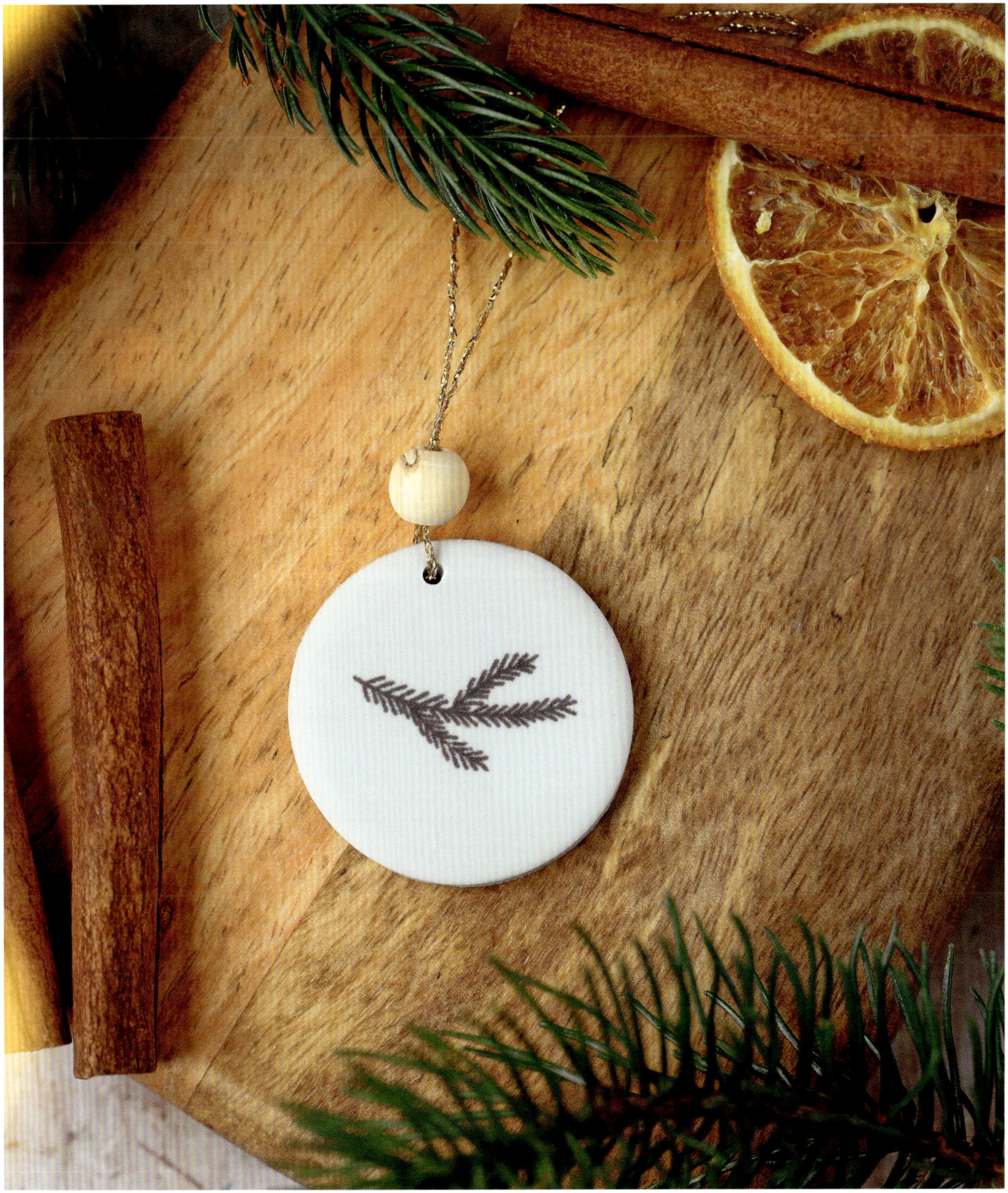

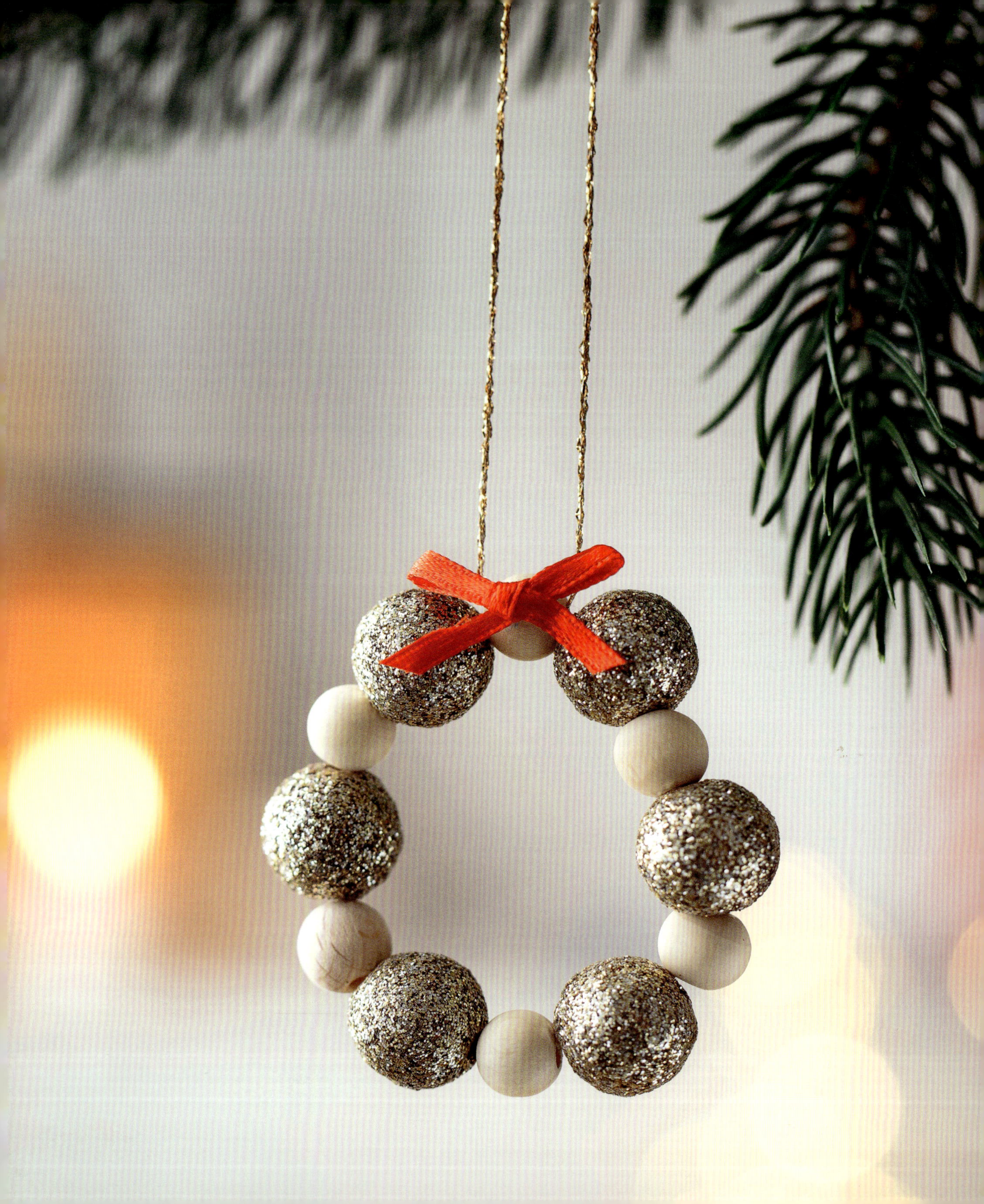

RUNDES ORNAMENT AUS GLITZER UND HOLZ

Ein kugeliger Mix aus Natur und Glanz wird aufgereiht zum runden Eyecatcher am Weihnachtsbaum.

DAS BRAUCHST DU

6 Deko Glitterkugeln in Gold, Ø 15 mm (Rico Design – idee. Creativmarkt)
6 Holzperlen, Ø 10 mm (Rico Design – idee. Creativmarkt)
Basteldraht
Schleife
Twist
Heißkleber (Rico Design – idee. Creativmarkt)
Schere/Zange
Nadel

SO WIRD'S GEMACHT

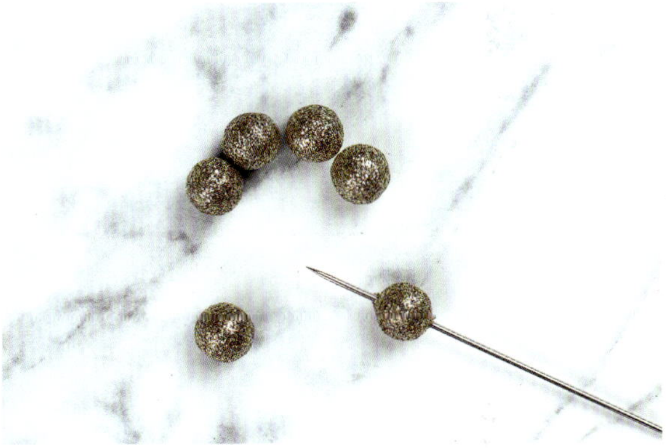

1 Steche die Glitzerkugeln mit einer Nadel durch.

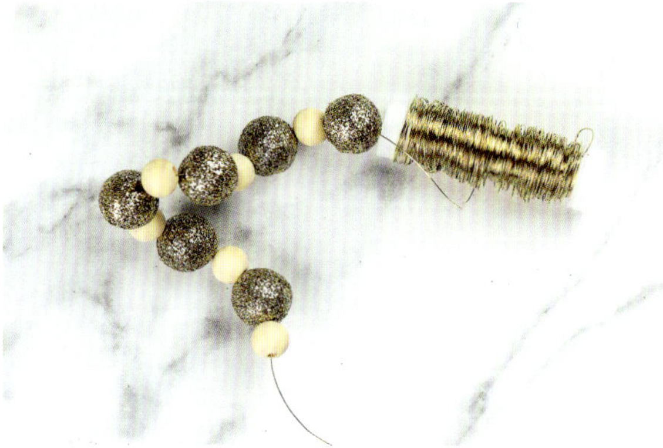

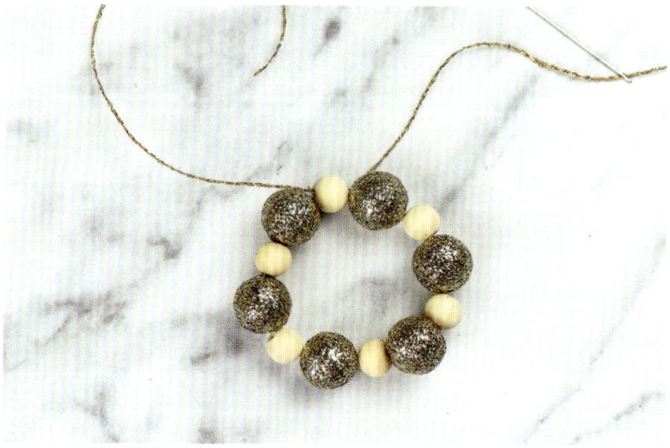

2 Fädle die Glitzer- und Holzkugeln abwechselnd auf den Basteldraht auf.

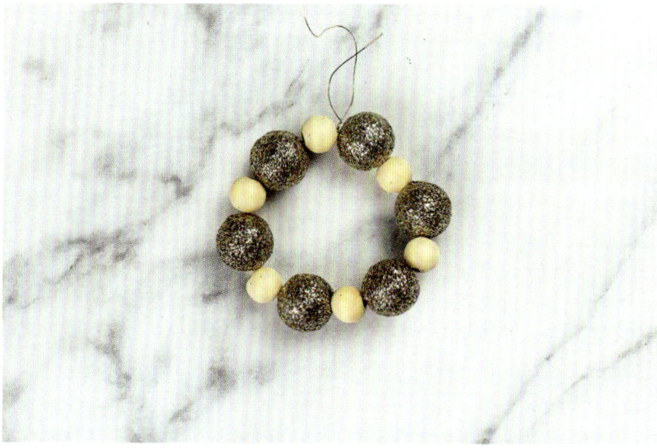

3 Forme einen Kreis und verzwirble die beiden Drahtenden miteinander. Kürze diese möglichst bündig oder verstecke die Enden in den benachbarten Kugeln.

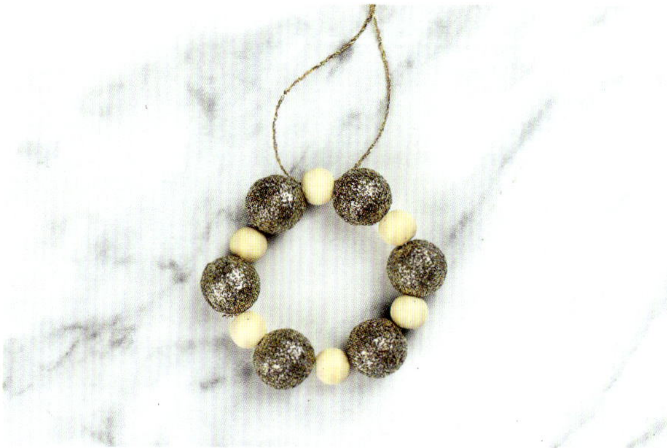

4 Fädle mit einer Nadel ein Stück Twist für die Aufhängung durch eine Holzkugel und mache einen Knoten.

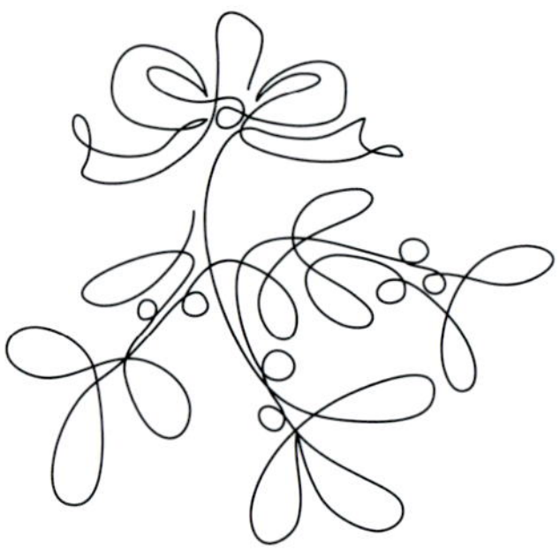

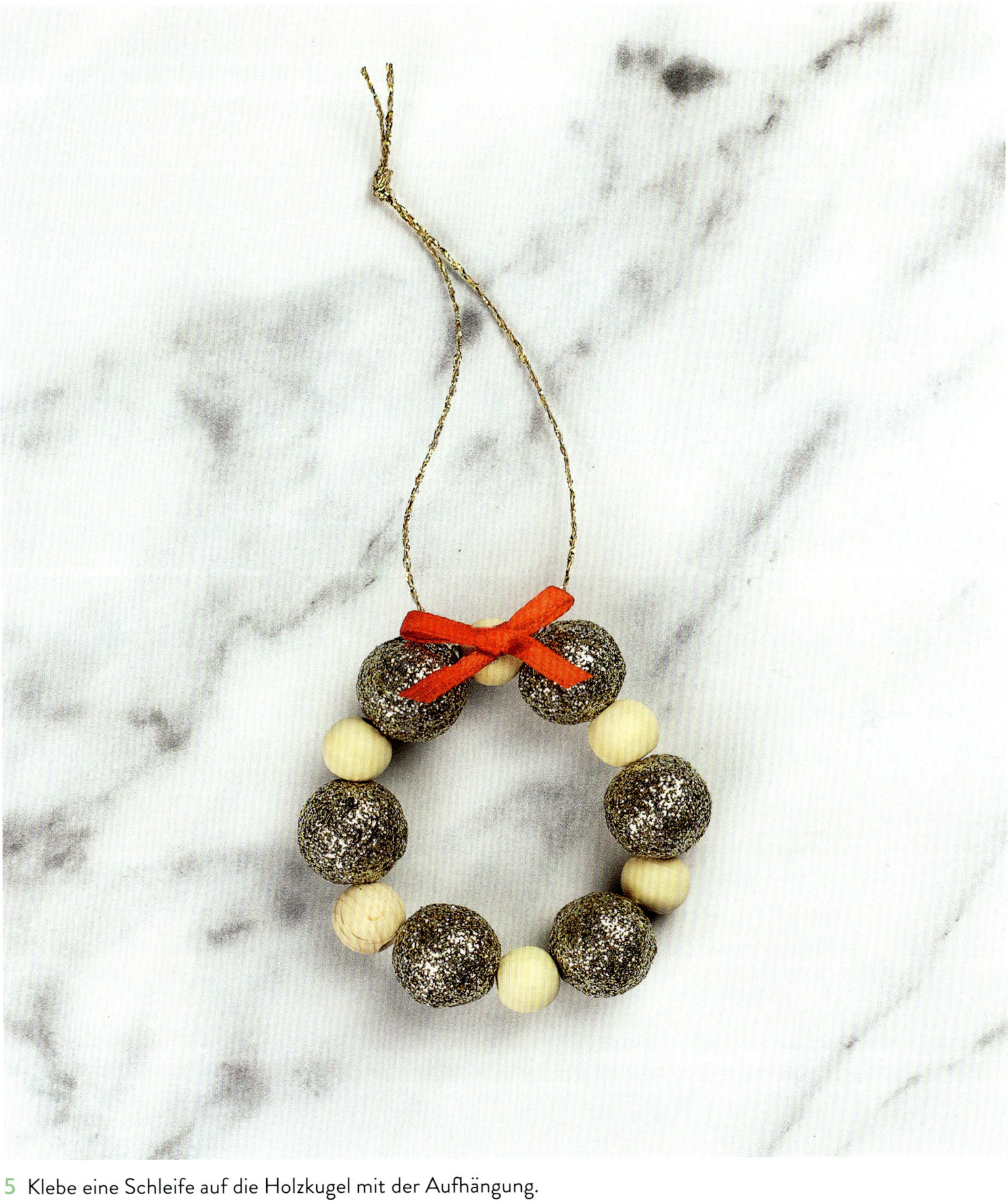

5 Klebe eine Schleife auf die Holzkugel mit der Aufhängung.

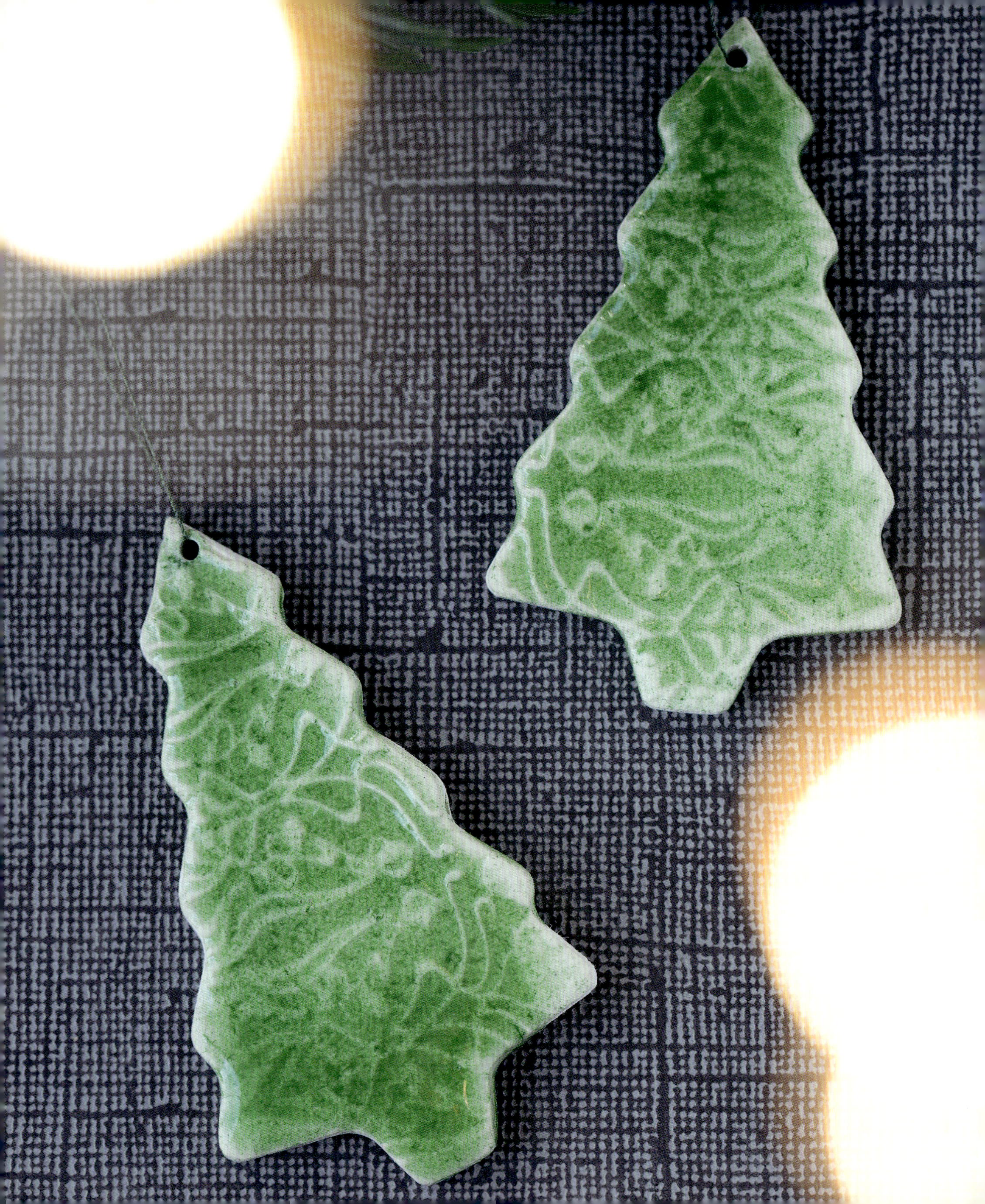

FAKE PORZELLAN-BÄUME

Glasierter Töpfer-Look ohne Brennofen! Die Anhänger bringen durch ihre Optik einen ganz besonderen Charme mit an den Zweig.

DAS BRAUCHST DU

Fimo Air Basic in Weiß (Staedtler)
Resin (Glorex – idee. Creativmarkt)
Acrylfarbe in Grün (Kreul)
Faden
Acrylroller (Staedtler)
Strukturform Jugendstil (Staedtler)
Mundschutz und Handschuhe
Utensilien zum Anmischen des Resins
Nadel
Ausstechform

SO WIRD'S GEMACHT

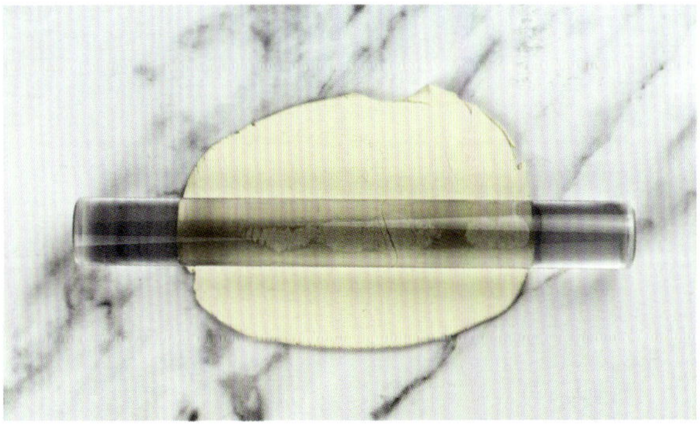

1 Knete das Fimo gut durch und rolle es anschließend auf eine Dicke von ca. 0,5 cm gleichmäßig aus.

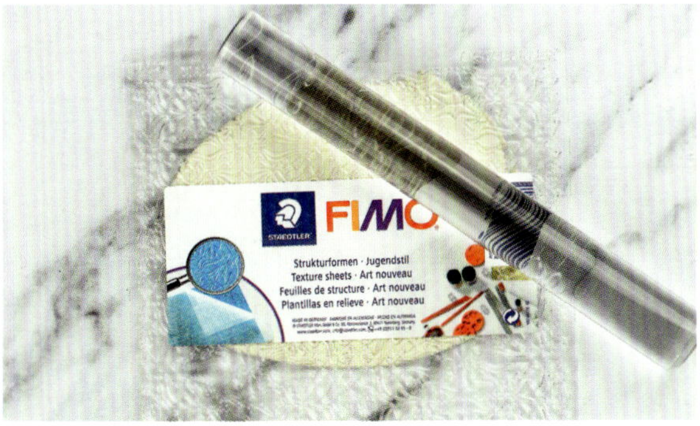

2 Lege die Strukturform auf die Fläche und rolle mit dem Roller fest darüber.

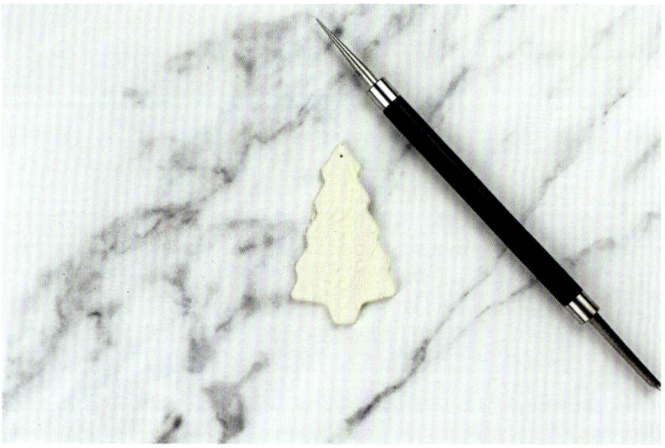

3 Steche die Anhänger mit Hilfe von Ausstechern aus und mache ein Loch für die Aufhängung hinein. Lasse das Fimo bei Zimmertemperatur aushärten.

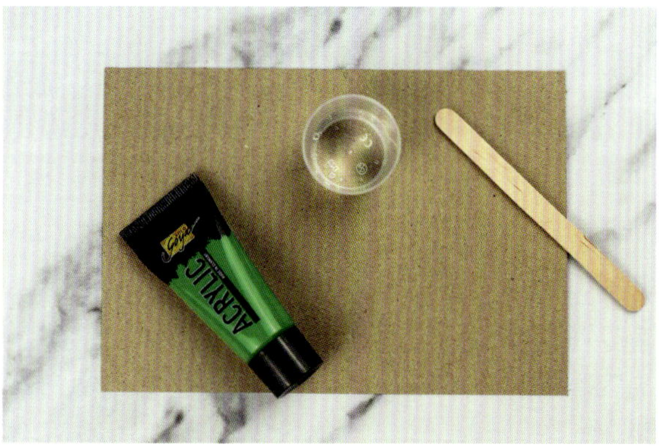

4 Bereite das Resin nach Herstellerangabe vor. Wichtig: Trage hierbei unbedingt Handschuhe und einen Mundschutz!

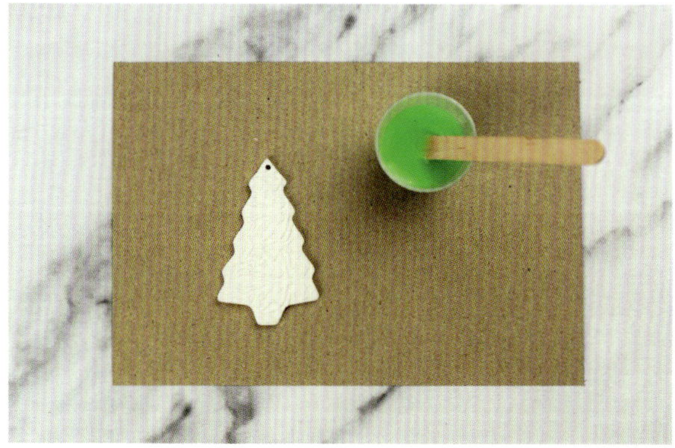

5 Du kannst das Resin mit Acrylfarbe einfärben. Gehe hier sparsam vor und rühre die Mischung langsam und sorgfältig durch.

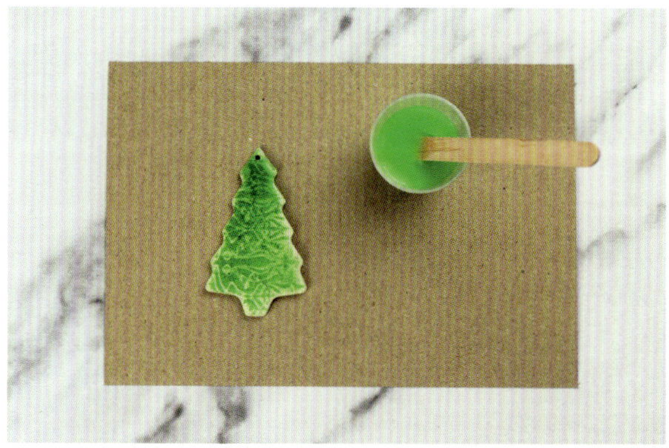

6 Trage das Resin mit einem Holzstäbchen auf den Anhänger auf. Lasse den Anhänger staubgeschützt für 24 Stunden ruhen.

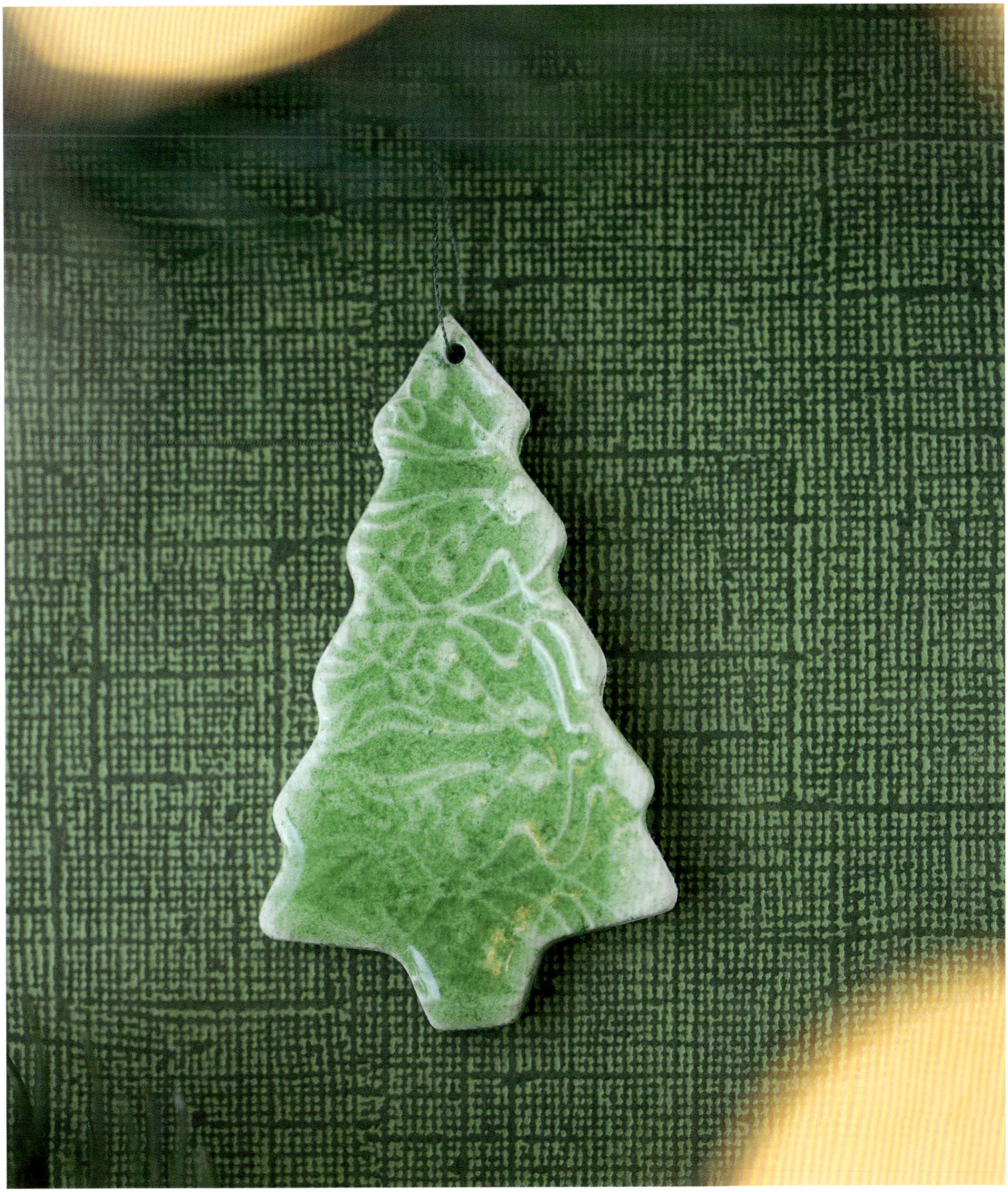

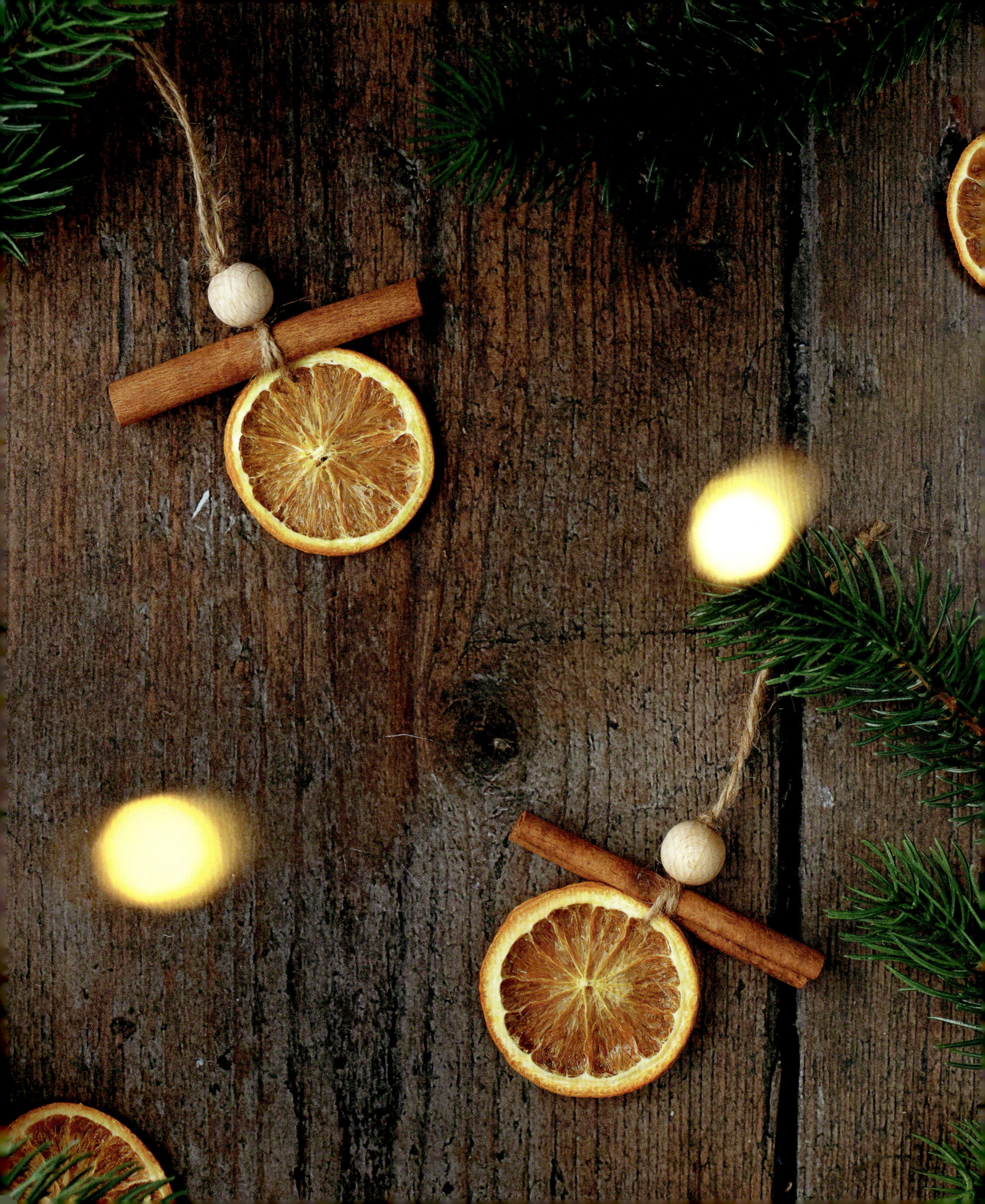

ORANGEN-ANHÄNGER

Natürliche Weihnachtsdeko aus der Küche. Die Anhänger versprühen einen würzigen und fruchtigen Duft im Raum.

DAS BRAUCHST DU

Orangenscheibe
Jutegarn
Zimtstange 8 cm
Holzperle, Ø 15 mm (Rico Design – idee. Creativmarkt)
Nadel

SO WIRD'S GEMACHT

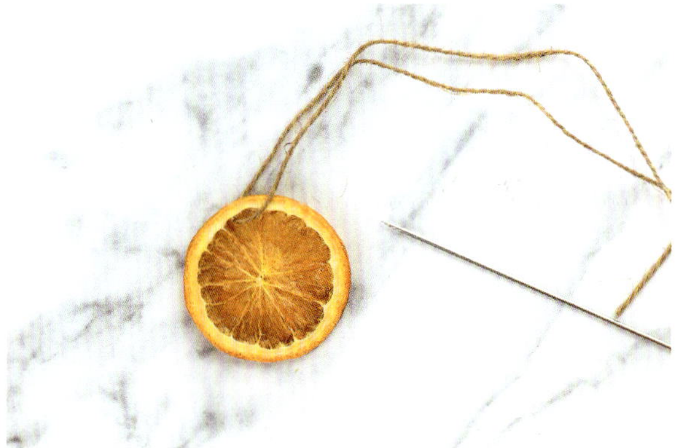

1 Fädle das Jutegarn mit Hilfe einer Nadel durch die Orangenscheibe.

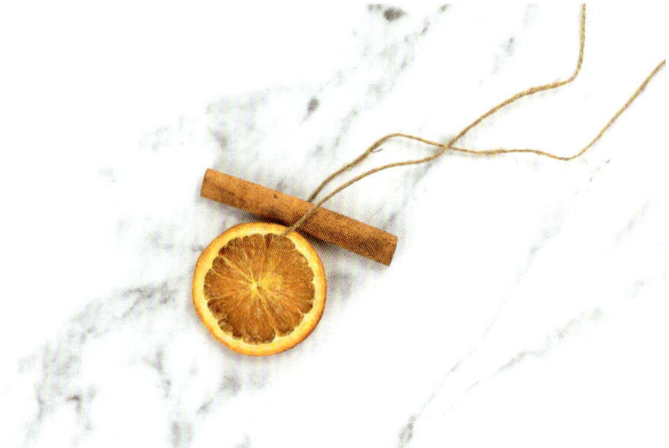

2 Lege eine Zimtstange zwischen die beiden Jutefäden.

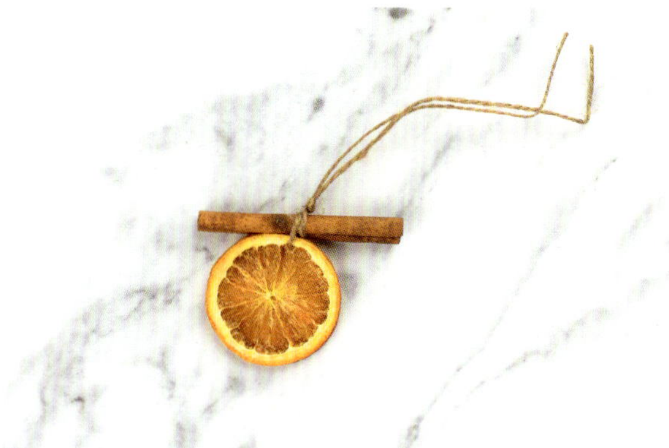

3 Führe einen der beiden Fäden um die Zimtstange und mache dann einen festen Knoten. Dieser sollte direkt an der Zimtstange liegen.

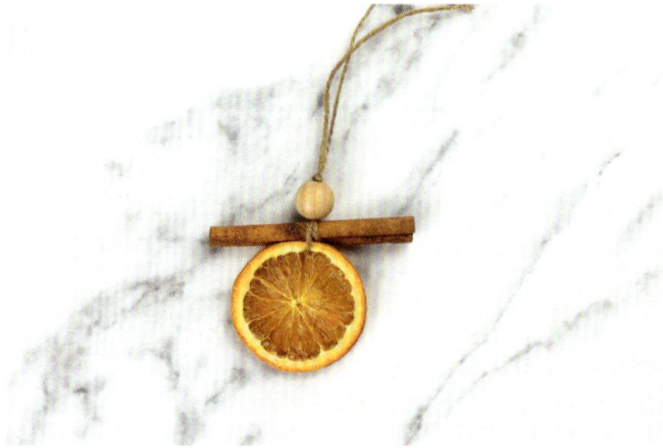

4 Fädle eine Holzperle auf beide Jutefäden auf und mache direkt dahinter einen Knoten.

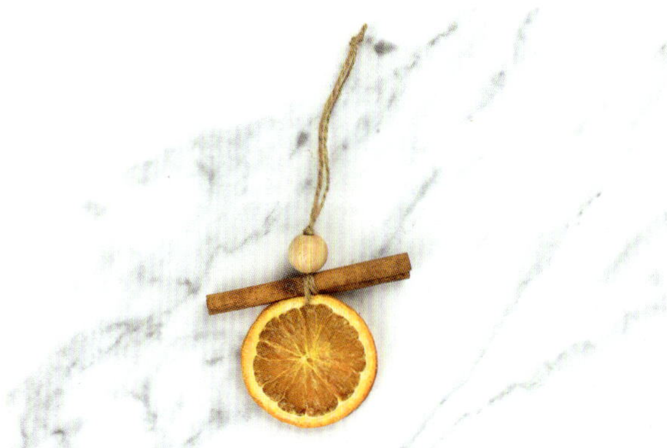

5 Mache mit etwas Abstand einen weiteren Knoten für die Aufhängung und schneide die Fadenenden ggf. ein Stück zurück.

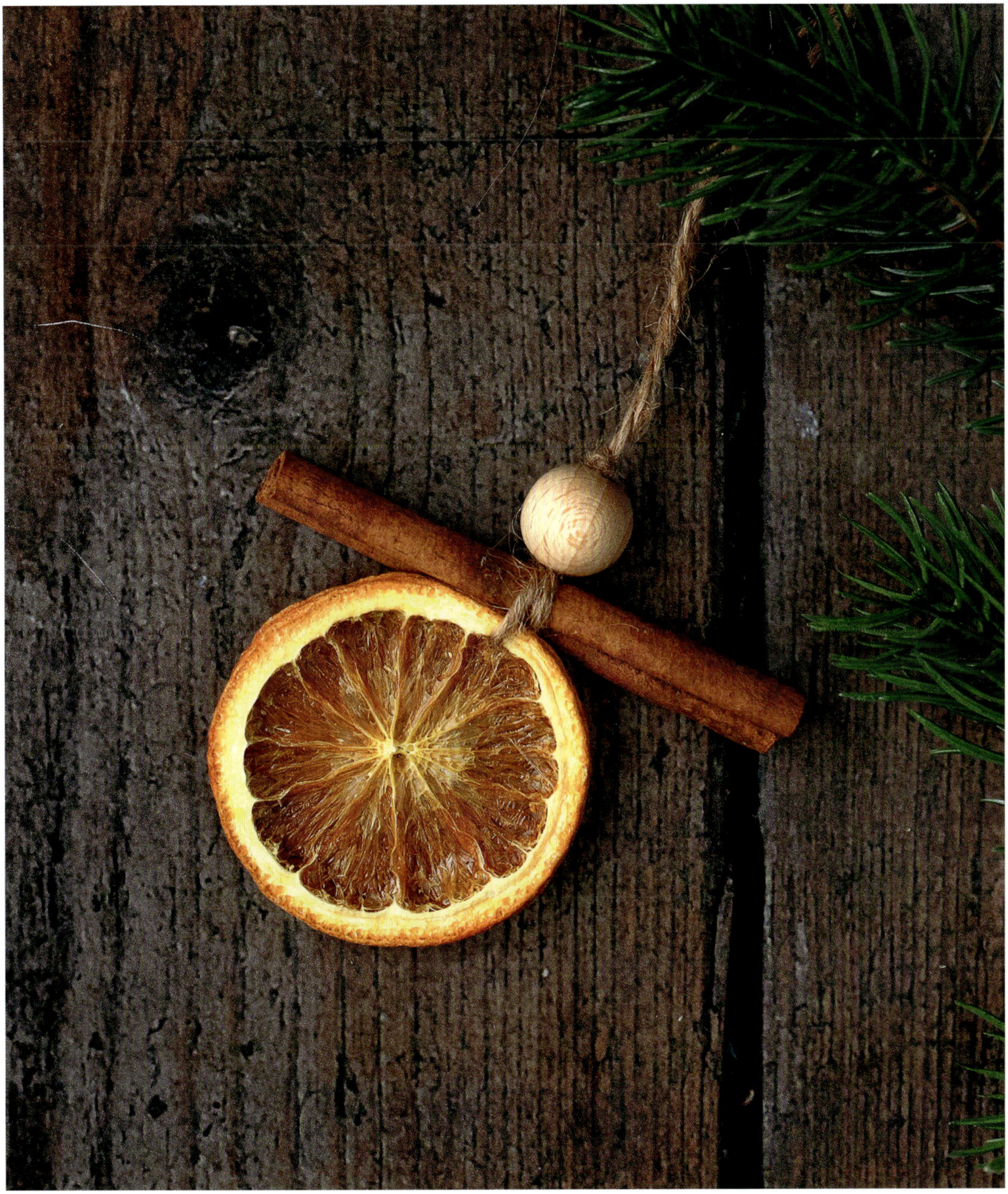

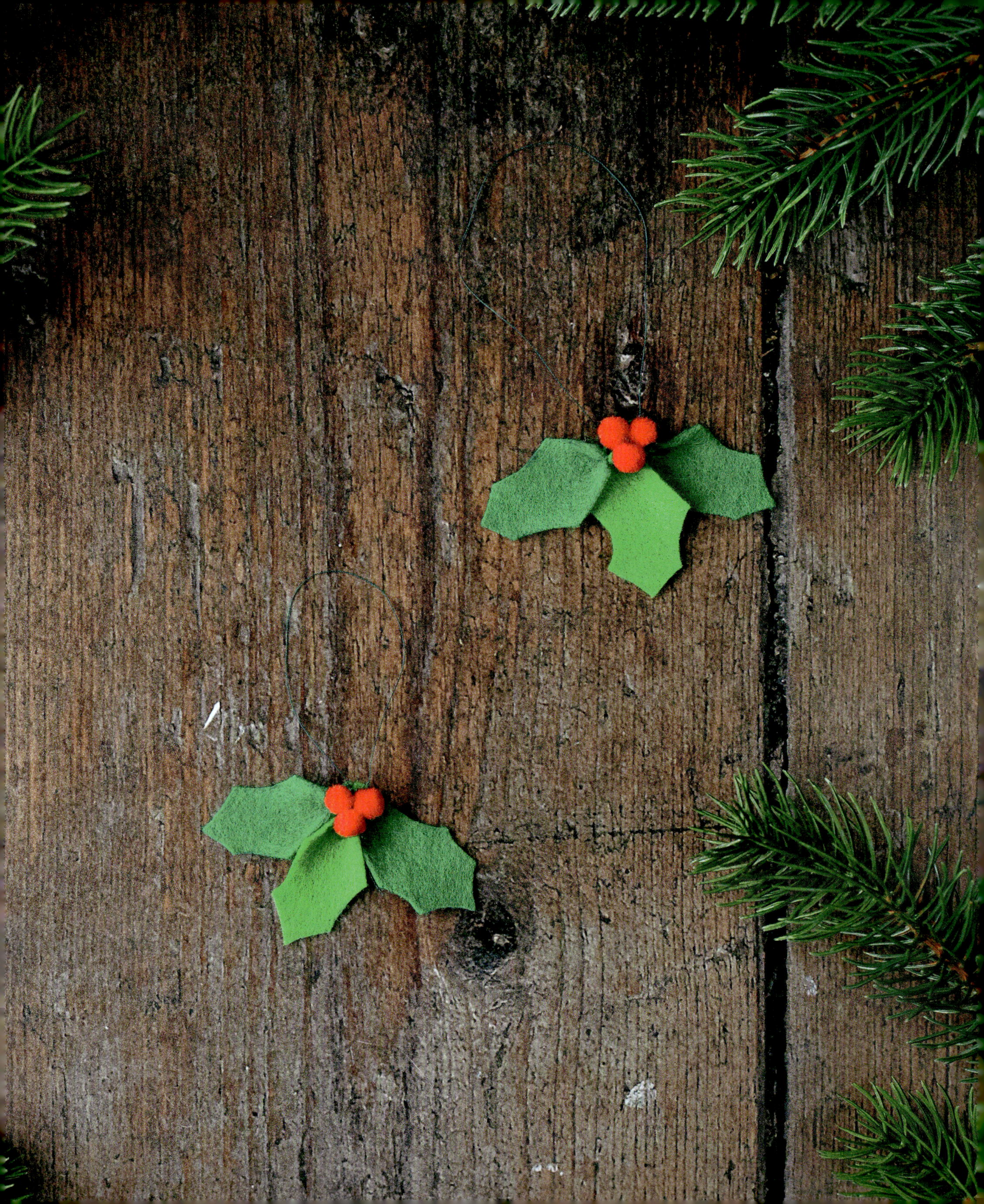

ILEX-ANHÄNGER AUS FILZ

Die Stechpalmenanhänger aus Filz mit roten Pompons als Beeren sind den echten Stechpalmen (botanischer Begriff = Ilex) sehr ähnlich, nur ohne Stacheln.

DAS BRAUCHST DU

Vorlage 7 (siehe S. 123)
Filz 1 mm in Grün und Dunkelgrün (Rico Design – idee. Creativmarkt)
3 Minipompons Rot
Faden
Stift
Heißkleber (Rico Design – idee. Creativmarkt)
Schere
Nadel

SO WIRD'S GEMACHT

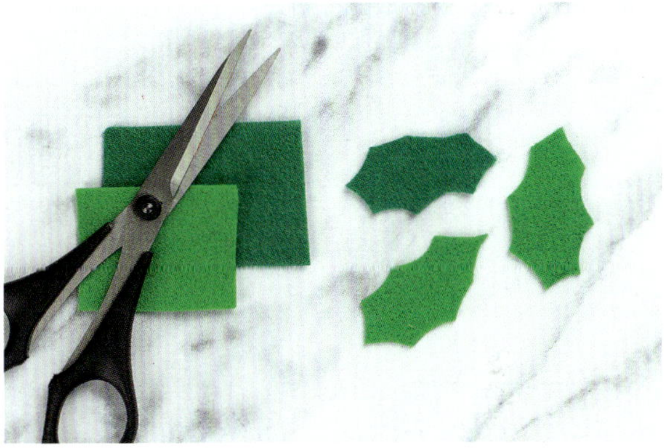

1 Schneide die Ilexblätter anhand der Vorlage auf grünem Filz aus. Ein Mix aus verschiedenen Grüntönen schaut besonders schön aus.

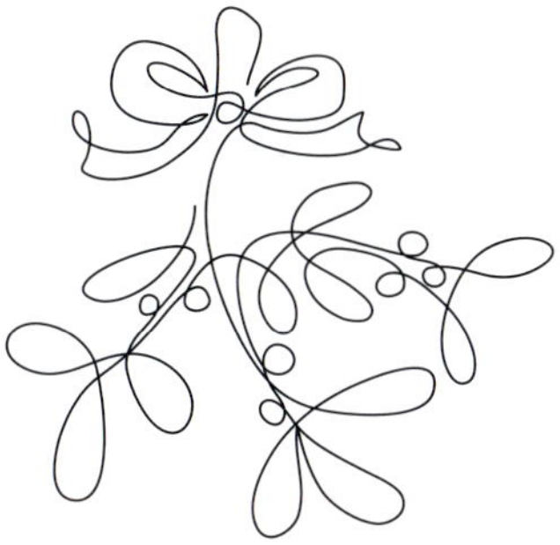

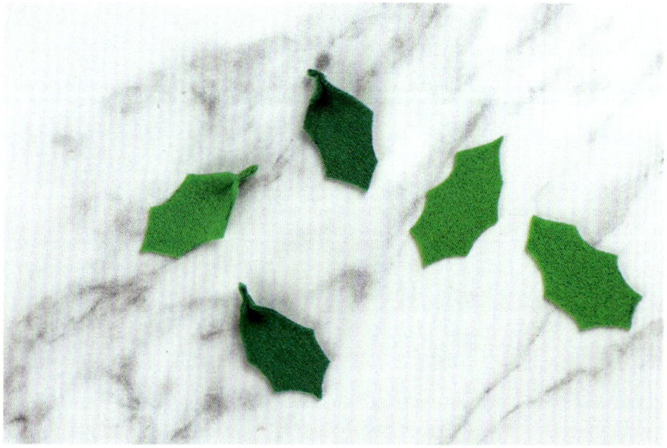

2 Klebe die Ilexblätter an einer Spitze mit einem Tropfen Heißkleber zusammen.

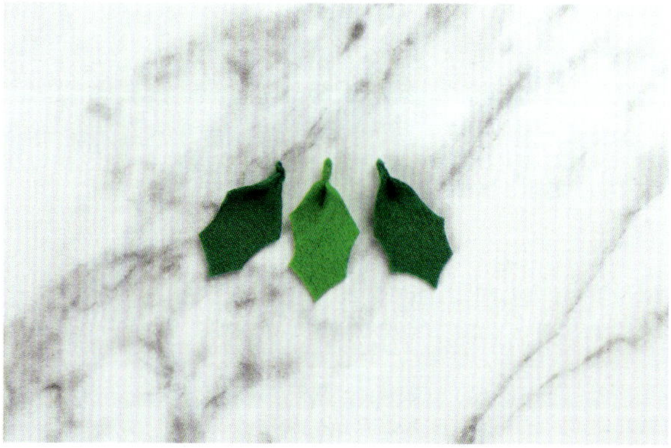

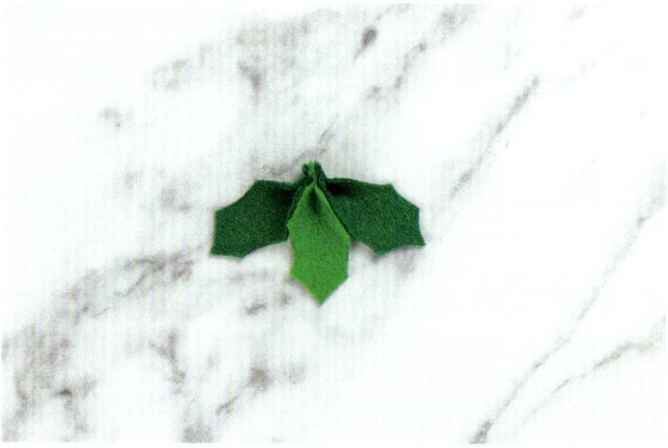

3 Für einen Anhänger benötigst du drei Blätter. Klebe diese seitlich aneinander.

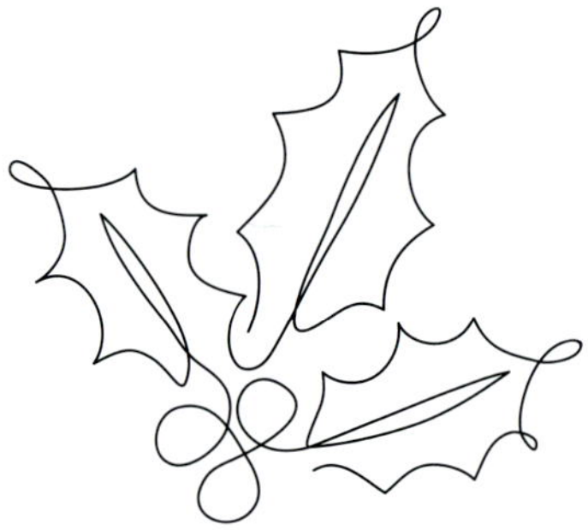

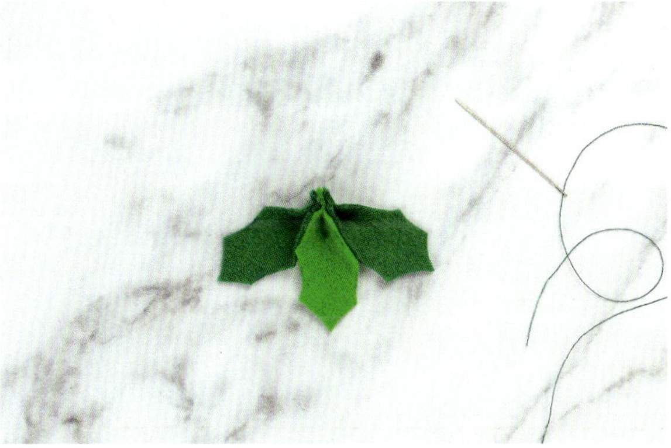

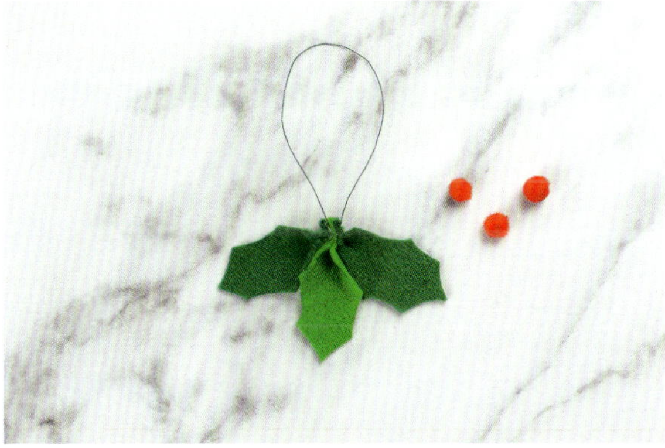

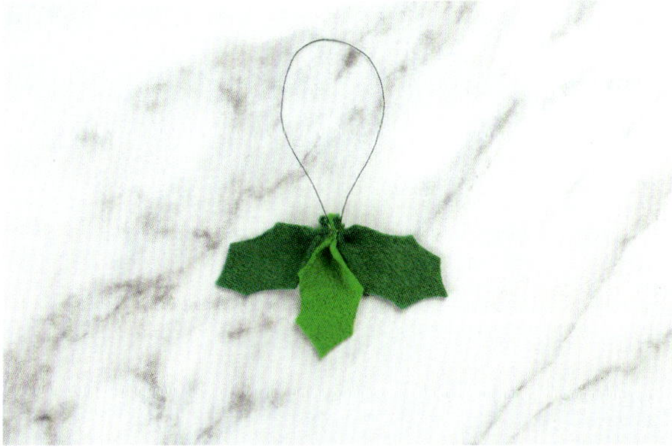

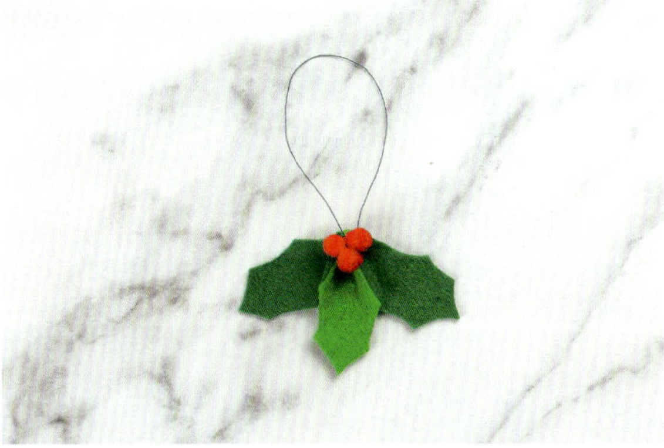

4 Mit einer spitzen Nähnadel ziehst du jetzt farblich passendes Nähgarn durch den zusammengeklebten Bereich. Tipp: Ziehe den Knoten der Aufhängung zu den Blättern hin – die Pompons werden ihn verdecken.

5 Klebe drei rote Minipompons mit Heißkleber fest.

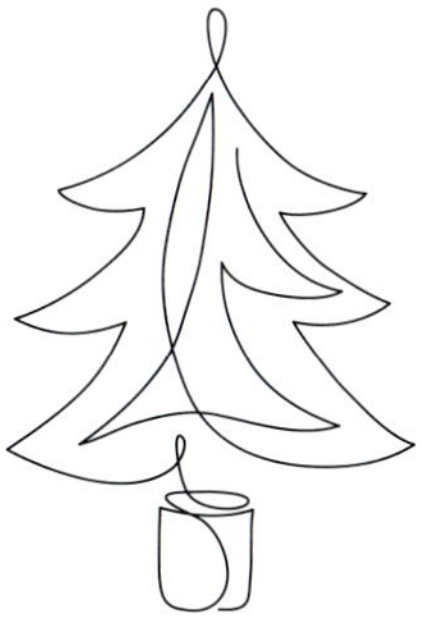

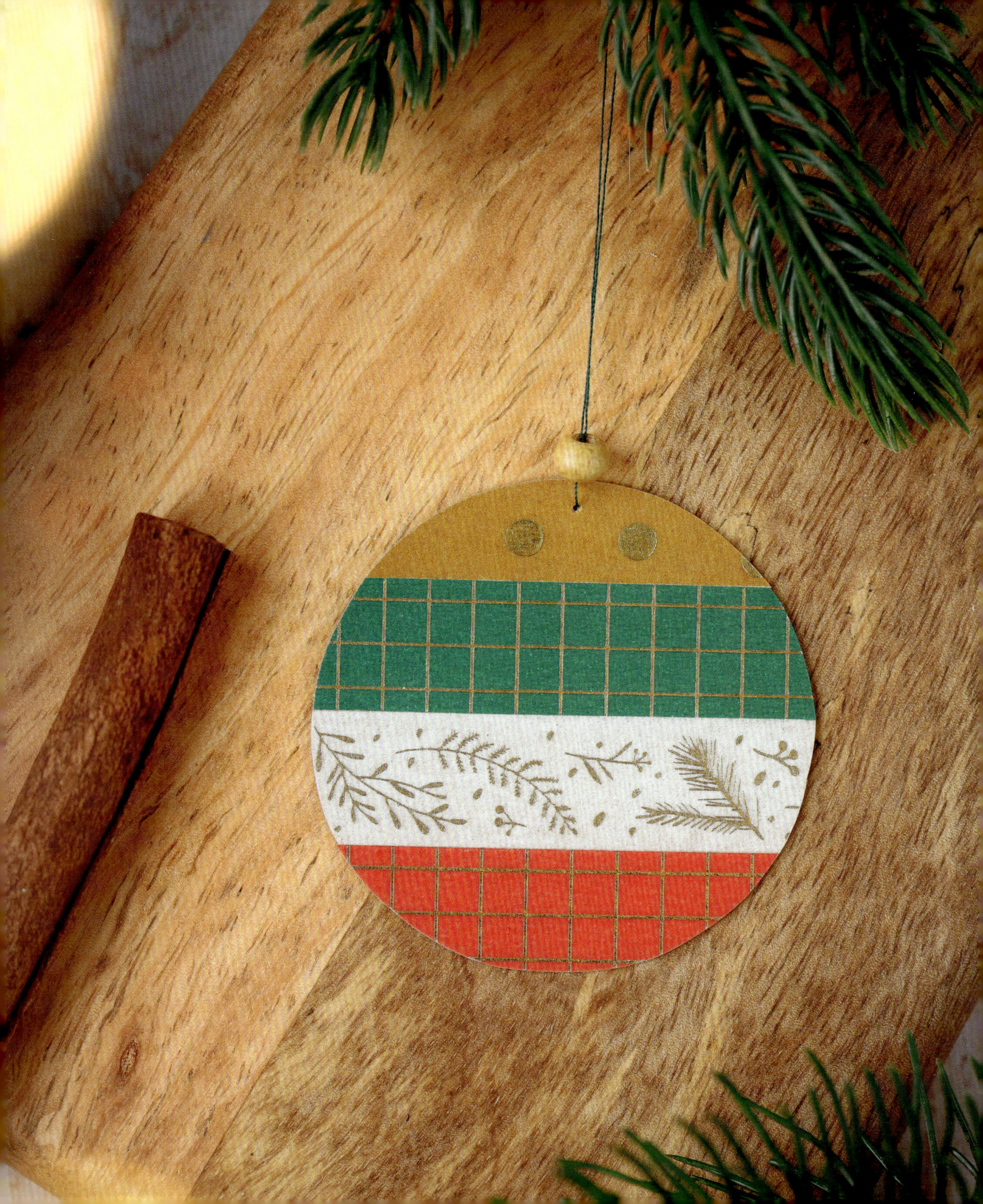

WASHI TAPE-KUGELN

Eine schnelle Weihnachtsdeko, die fix geklebt und gebastelt ist.

DAS BRAUCHST DU

Tonkarton
Holzperle, Ø 5 mm
WashiTape (Rico Design – idee. Creativmarkt)
Faden
Nadel
Zirkel (Staedtler)
Schere

SO WIRD'S GEMACHT

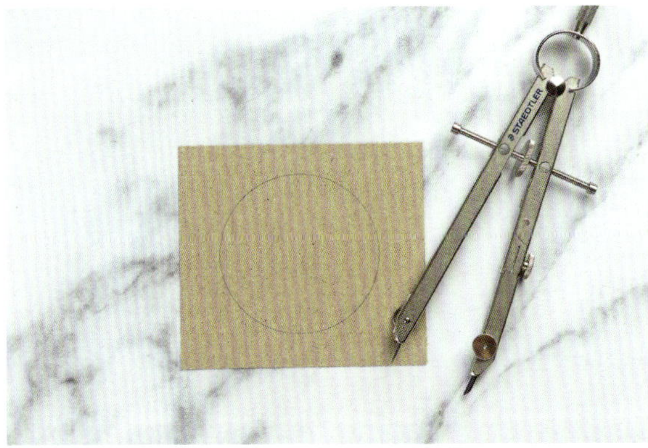

1 Zeichne mit einem Zirkel oder mit einem runden Gegenstand Kreise auf Tonkarton vor und schneide diese aus.

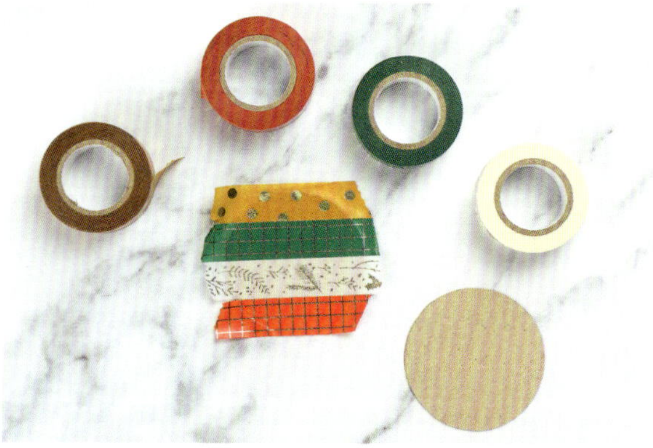

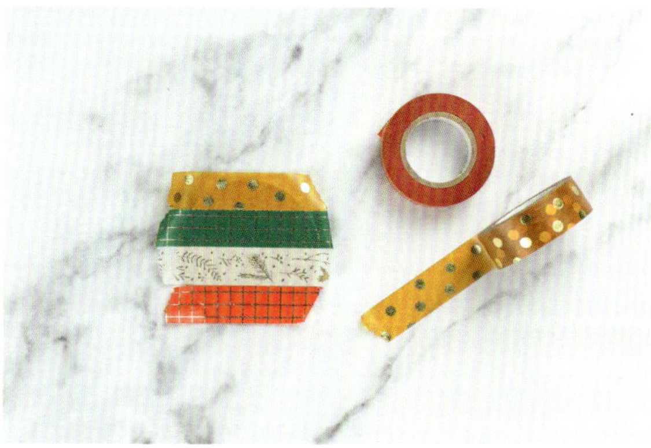

2 Klebe die verschiedenen Washi Tapes bündig aneinander, sodass der Kreis aus Pappe vollständig beklebt ist.

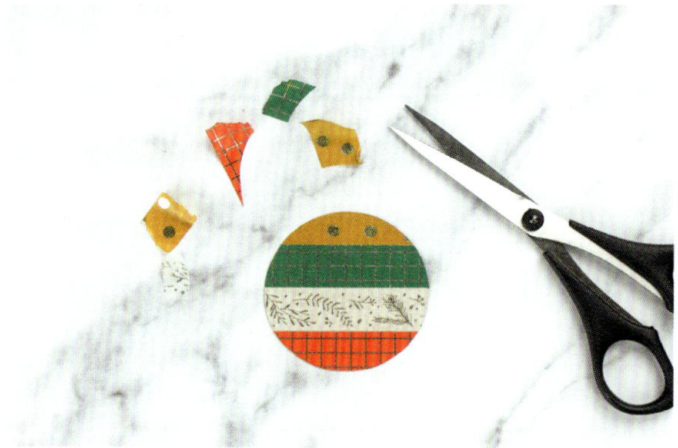

3 Schneide das überstehende Washi Tape entlang der Kontur des Kreises mit der Schere zurück.

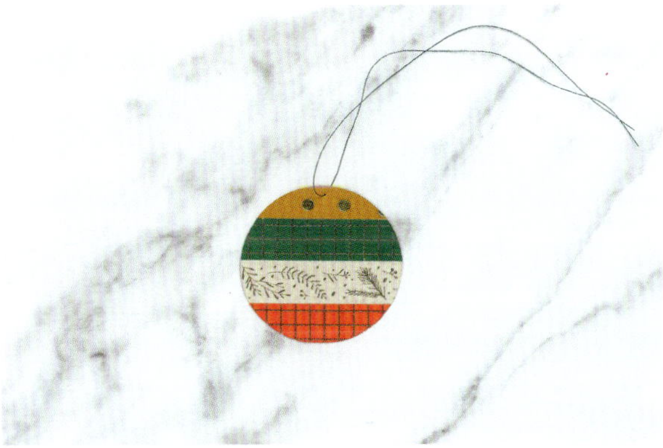

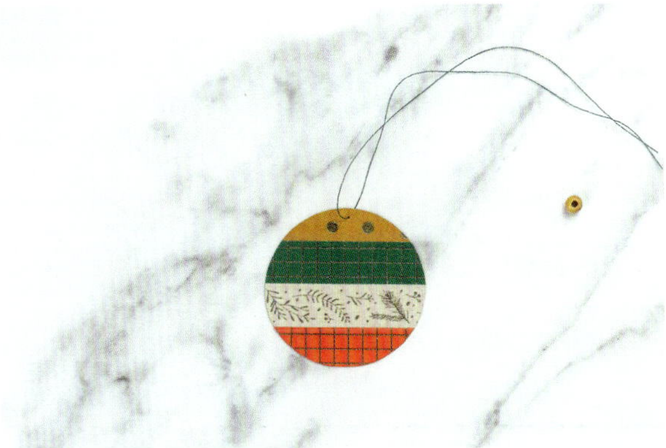

4 Mit einer spitzen Nadel ziehst du jetzt einen dünnen Faden als Aufhängung hindurch.

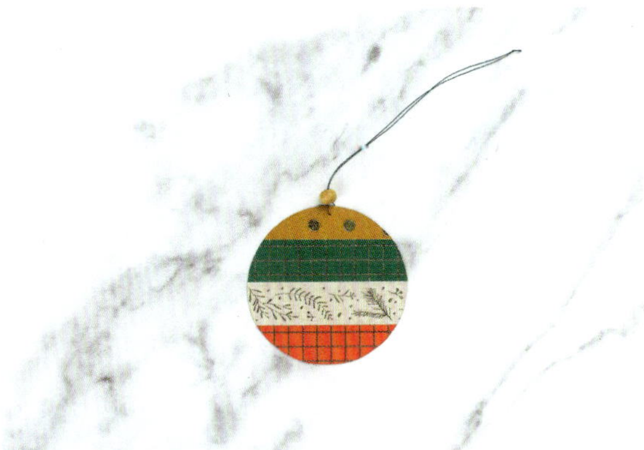

5 Fädle eine kleine Holzperle auf und mache einen Knoten für die Aufhängung.

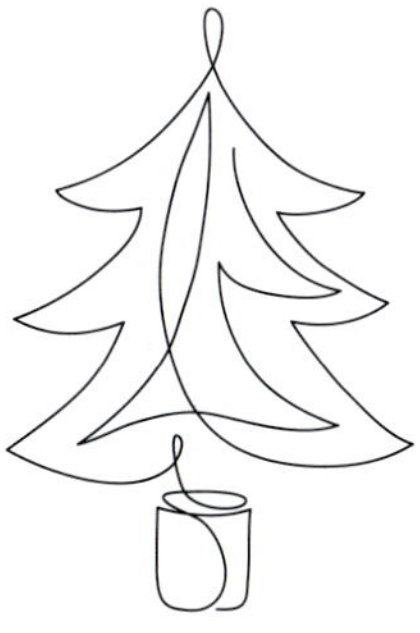

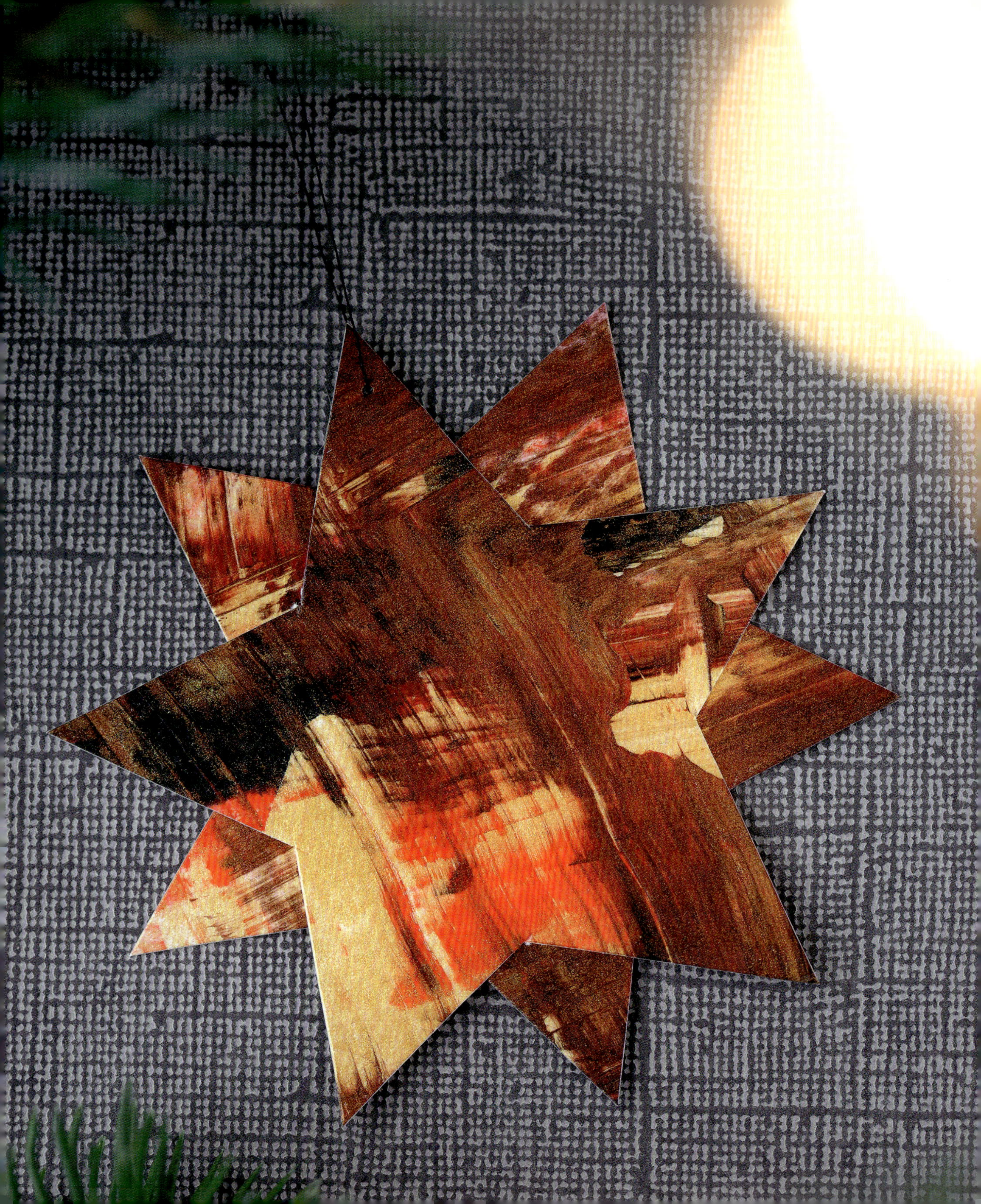

FARBENZIEHER-STERNE

Farben neu entdecken und kombinieren. Diese kunstvollen Anhänger sind echte Unikate.

DAS BRAUCHST DU

Vorlage 4 | 25 (siehe S. 122)
Fotokarton in Weiß (folia – idee. Creativmarkt)
Holzspatel oder Lineal
Acryl Glanzfarbe in Rot (Kreul)
Acryl Mattfarbe in Schwarz (Kreul)
Acryl Metallicfarbe in Gold (Kreul)
Stift
Klebestift (UHU – idee. Creativmarkt)
Faden
Schere
Nadel

SO WIRD'S GEMACHT

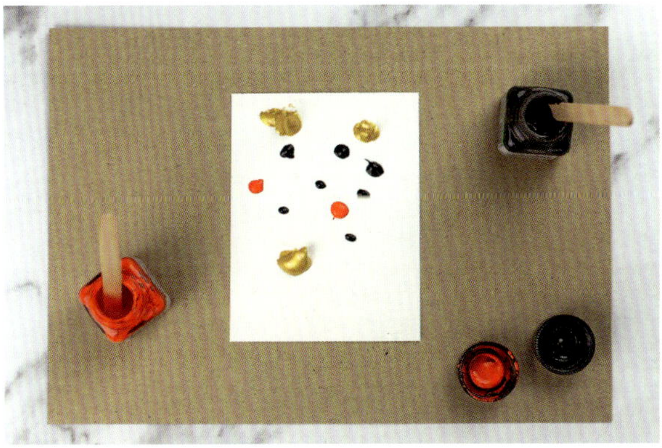

1 Verteile Acrylfarbe in Klecksen auf dem Papier. Für diese Technik eignen sich festes Aquarellpapier oder Tonkarton.

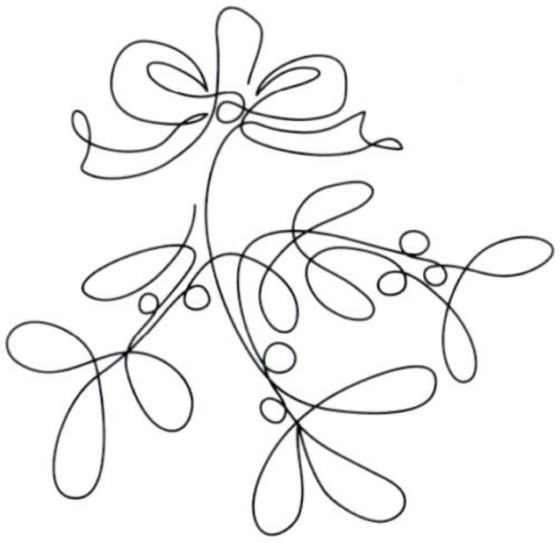

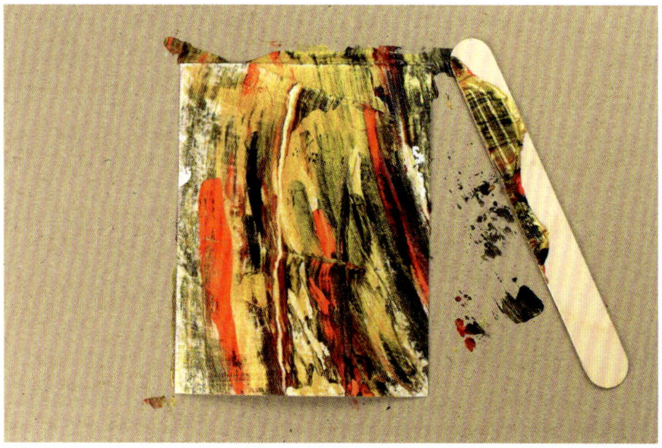

2 Ziehe die Farben flächig über das Papier und lasse sie dann vollständig trocknen.

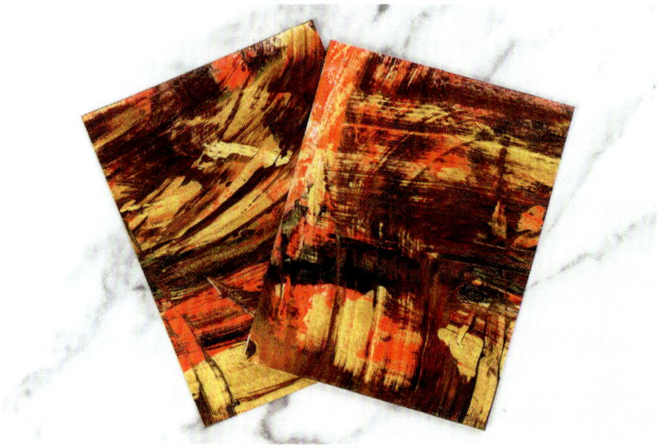

3 Bearbeite beide Seiten oder klebe zwei Lagen aneinander.

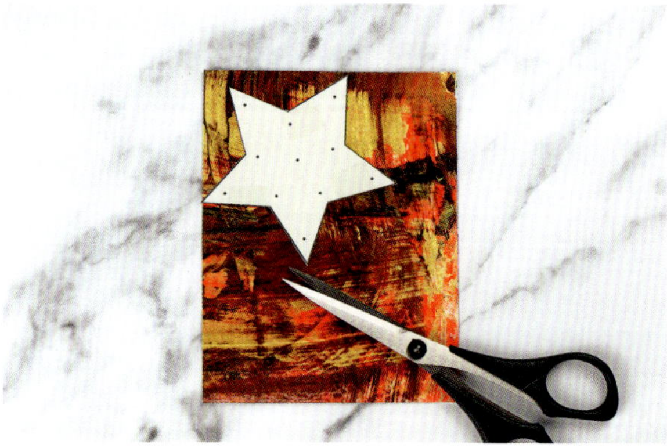

4 Schneide die Sterne anhand der Vorlage aus den bunten Papieren aus.

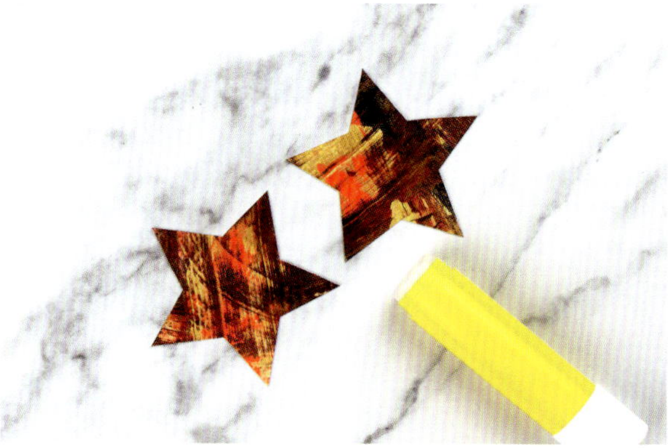

5 Klebe zwei Sterne mit gleicher Größe aneinander.

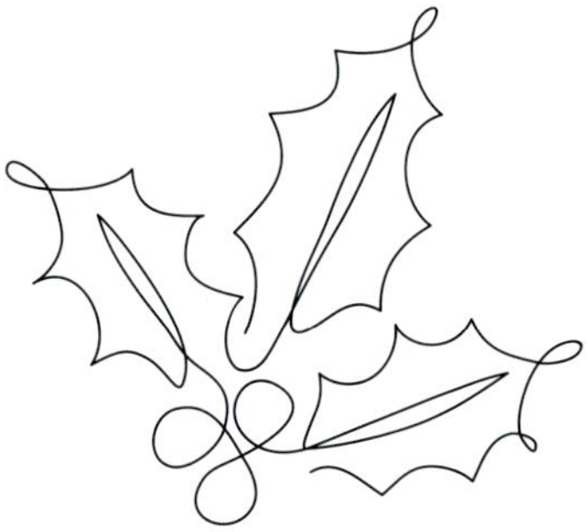

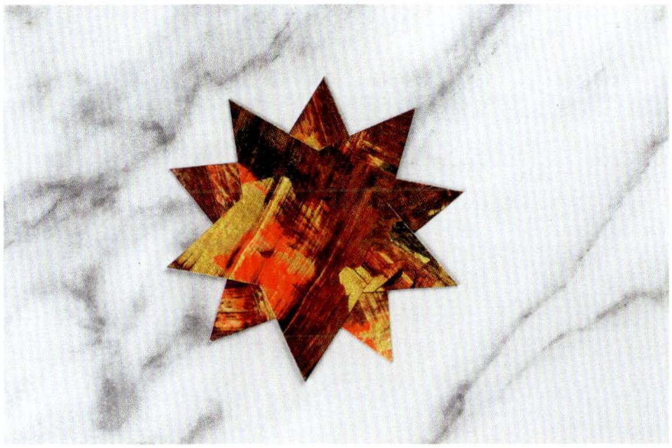

6 Achte bei der Platzierung darauf, dass die Zacken jeweils auf die Innenecken des anderen Sterns ausgerichtet sind.

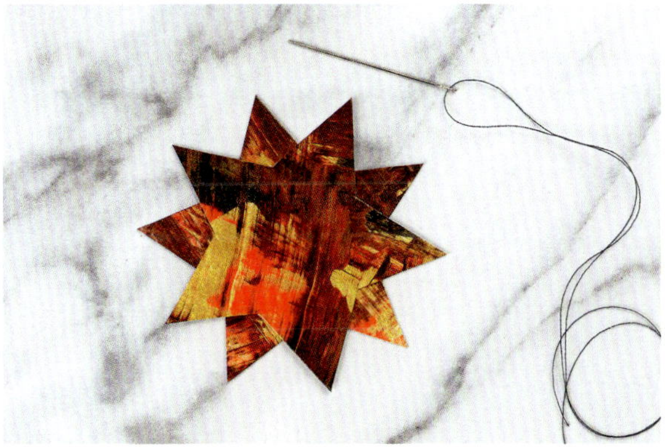

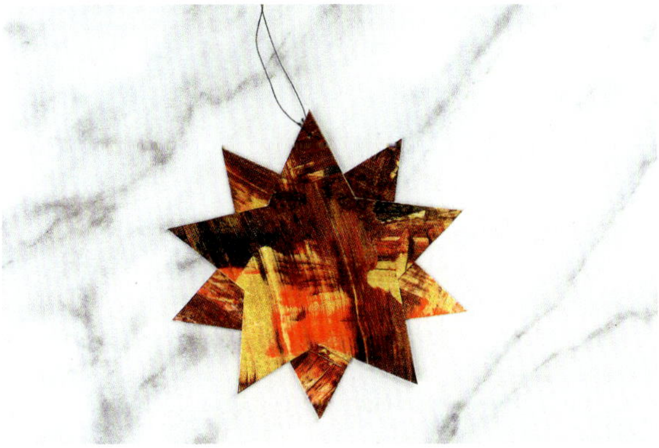

7 Fädle ein Stück dünnes Garn mit einer Nadel durch eine Sternenspitze.

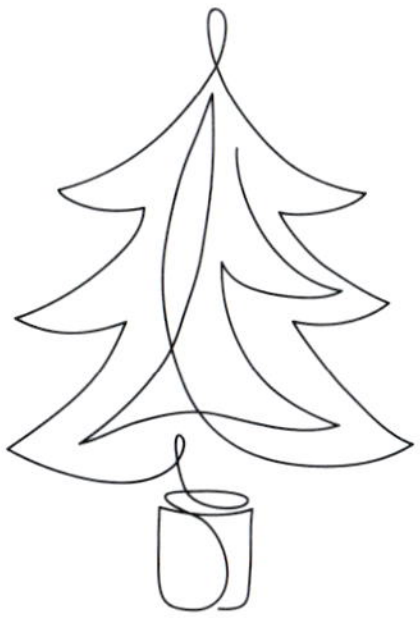

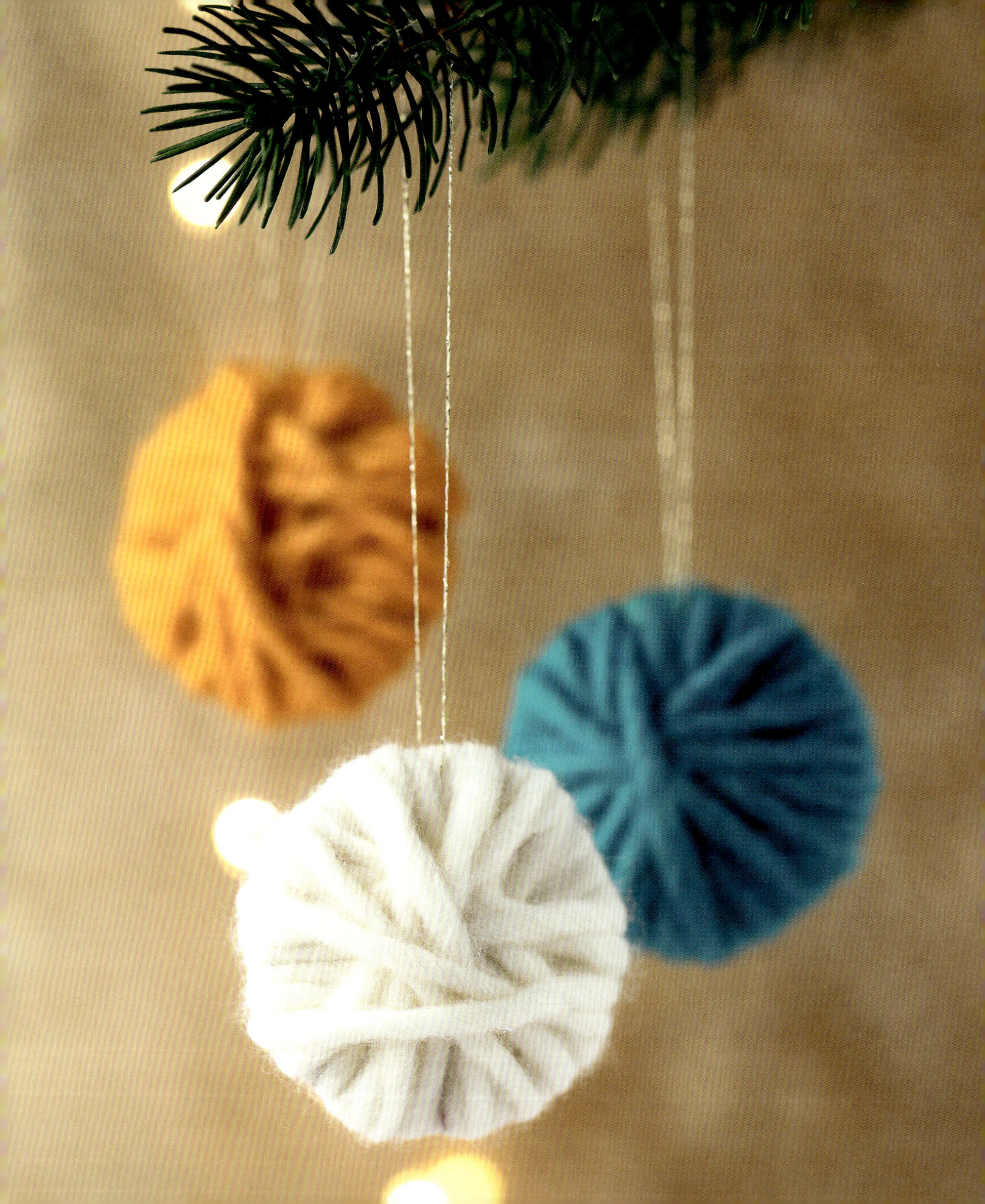

WICKELKUGELN AUS WOLLE UND PAPPE

Kuschelig weiche Dekoration, die auch für kleine Hände einfach umzusetzen ist. Ideal, um Wollreste zu verwerten.

DAS BRAUCHST DU

Pappe/Karton
Super Chunky Wolle (Rico Design – idee. Creativmarkt)
metallisches Garn
Häkelnadel
Nadel
Schere

SO WIRD'S GEMACHT

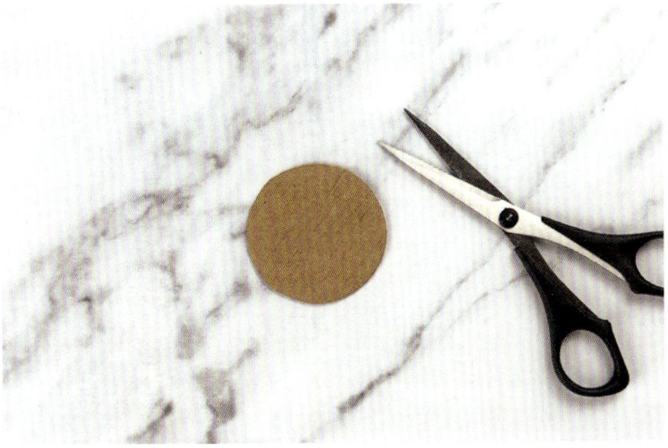

1 Schneide aus festem Karton einen Kreis und schneide diesen an einer Stelle knapp 1 cm zur Mitte hin ein.

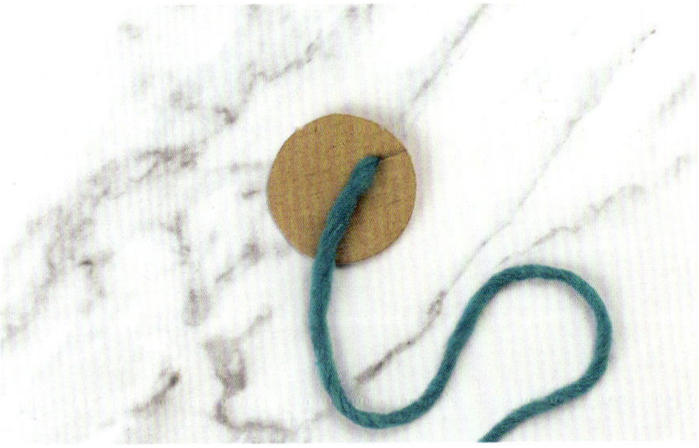

2 Befestige den Anfang der Wolle in diesem Einschnitt.

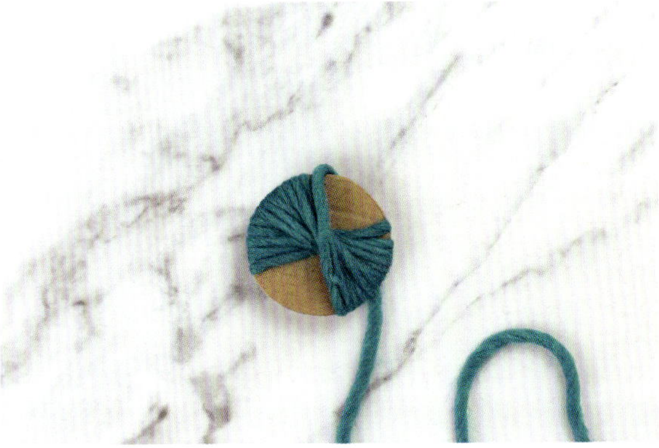

3 Wickel die Wolle fest anliegend in diagonalen Runden um den Kreis aus Pappe.

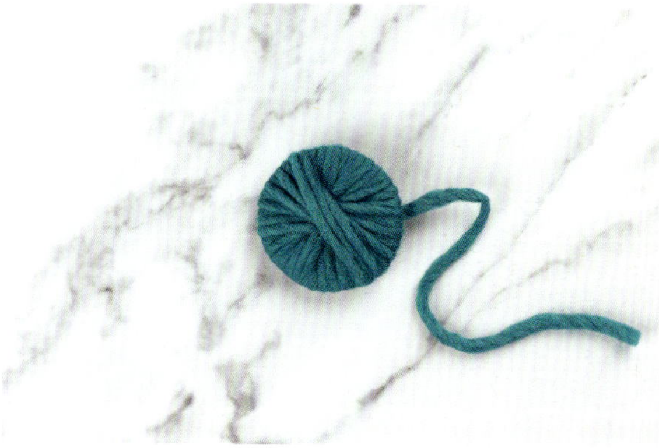

4 Wenn die Pappe vollständig bedeckt ist, schneidest du die Wolle mit einem kurzen Restfadenende ab.

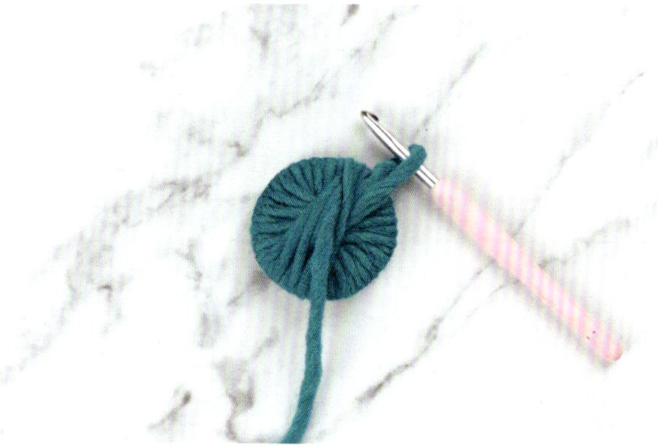

5 Ziehe das Fadenende der Wolle mit Hilfe einer Häkelnadel durch die gewickelten Lagen.

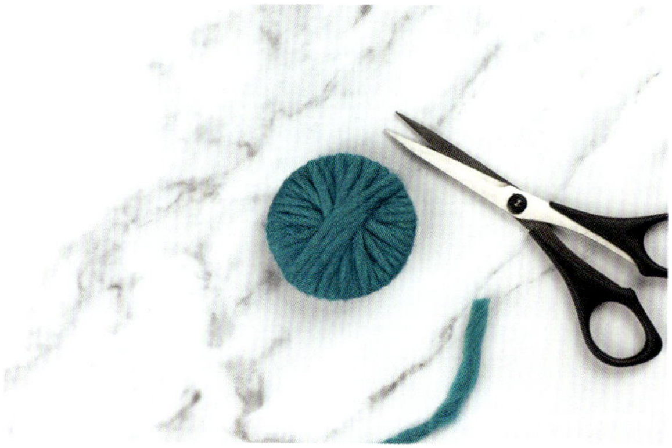

6 Schneide das Fadenende knapp ab.

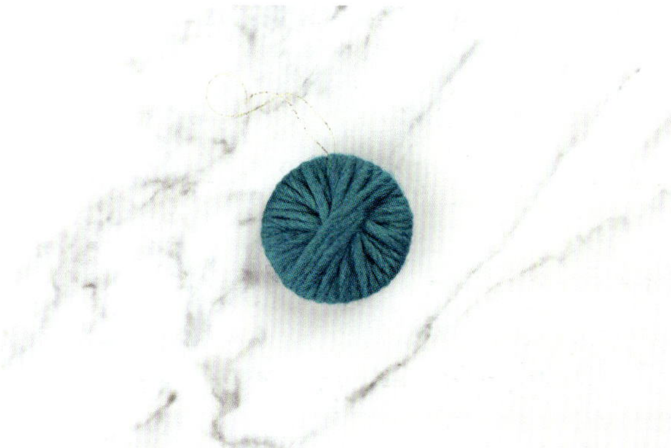

7 Befestige ein Stück metallisches Garn als Aufhängung.

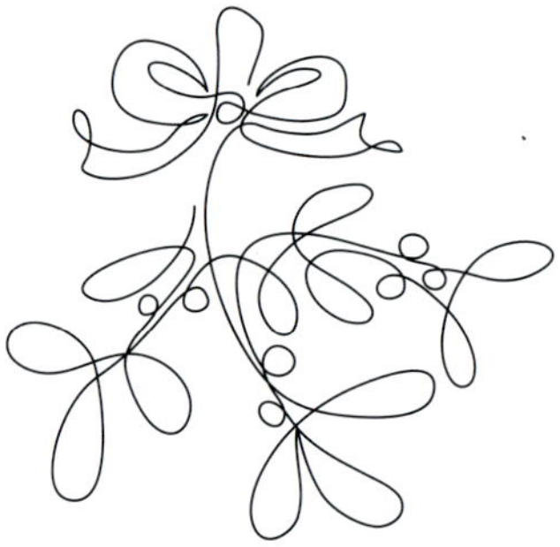

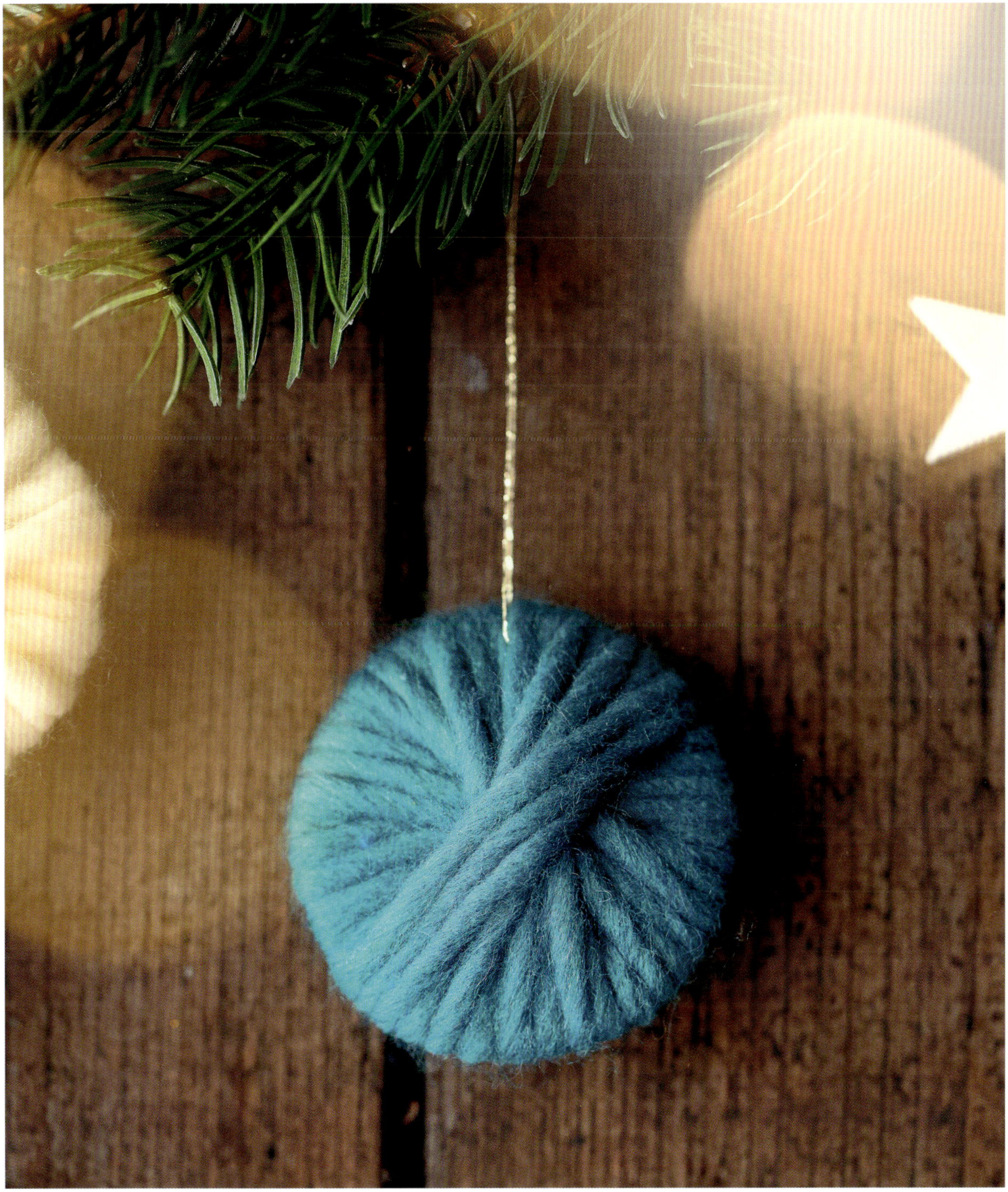

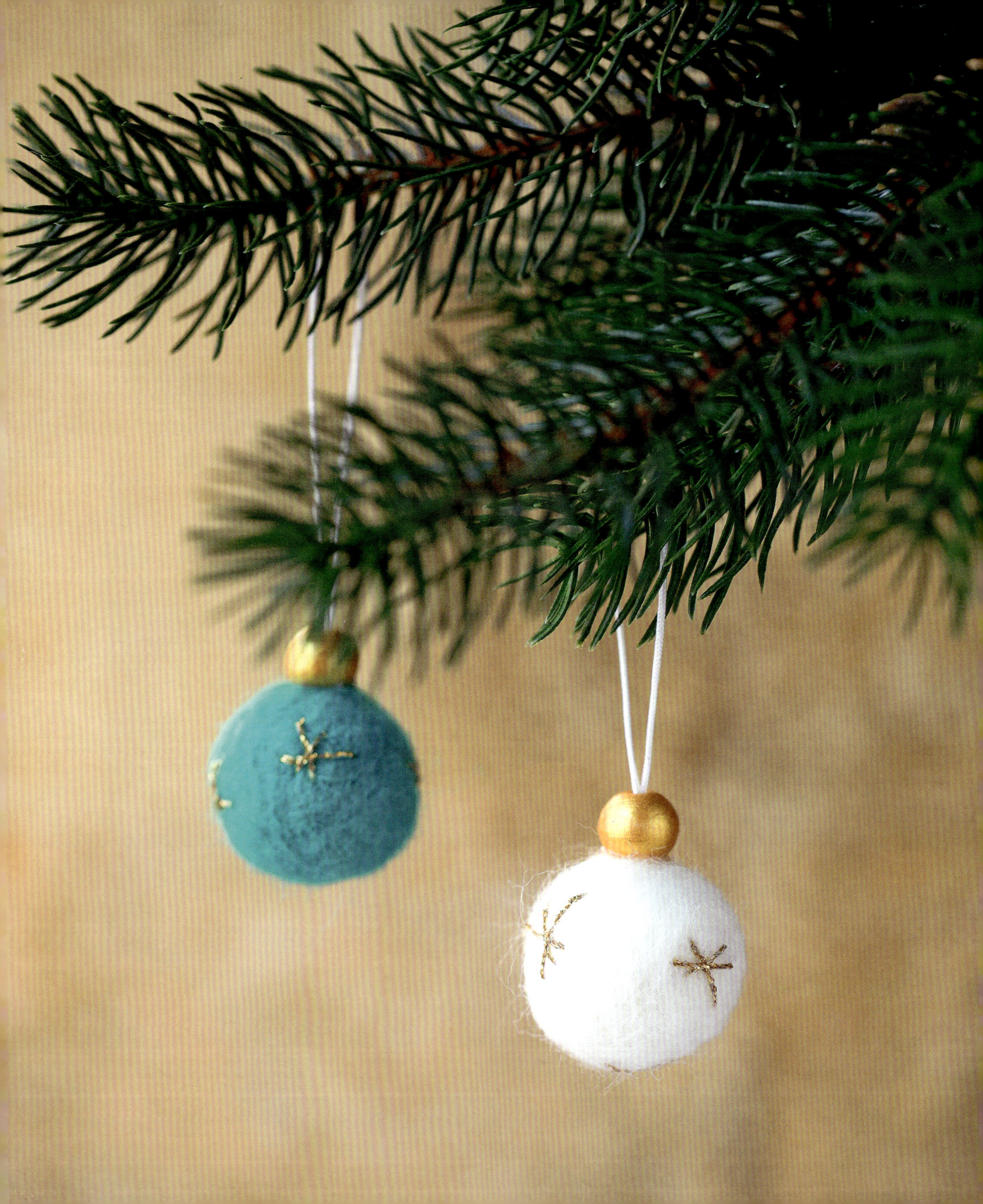

BESTICKTE FILZKUGELN

Dem Christbaum fehlt noch der hyggelige Look? Wie wäre es mit Christbaumkugeln aus Filzkugeln?

DAS BRAUCHST DU

Filzkugel, Ø 3 cm
metallischer Sticktwist
Holzperle, Ø 12 mm (Rico Design – idee. Creativmarkt)
Makrameeband 1 mm in Weiß (Rico Design – idee. Creativmarkt)
Heißkleber (Rico Design – idee. Creativmarkt)
Nadel
Schere

SO WIRD'S GEMACHT

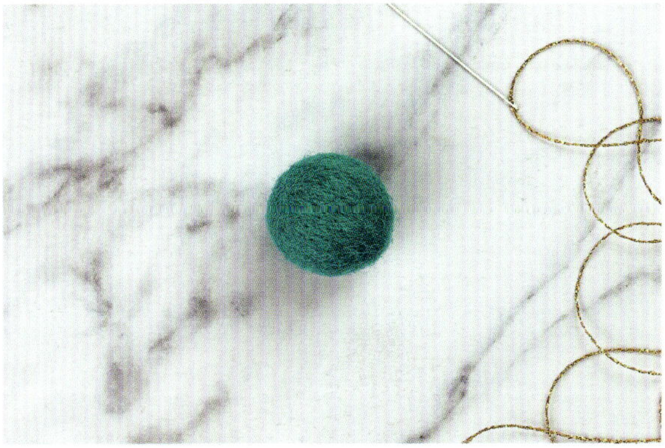

1 Schneide dir den metallischen Sticktwist auf eine Länge von mindestens 80 cm zurecht.

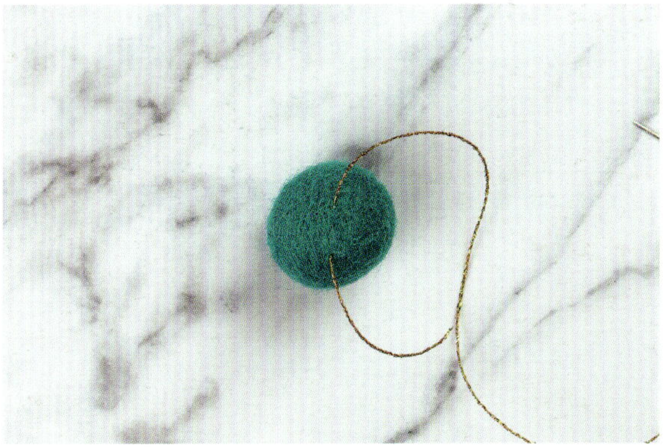

2 Ziehe den Twist oberflächlich durch die Filzkugel, sodass du einen Überstand von ca. 5 cm behältst.

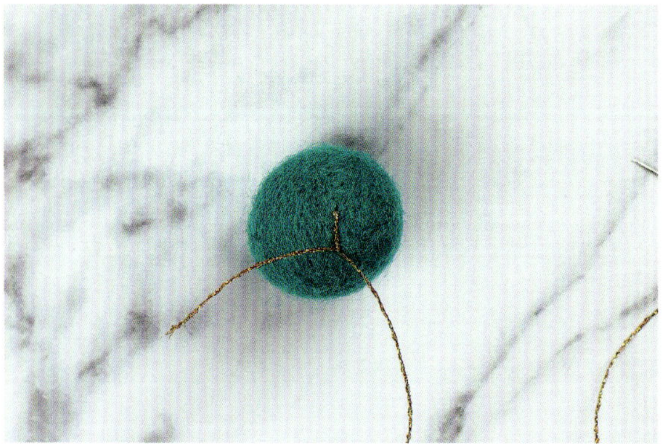

3 Mache einen Knoten.

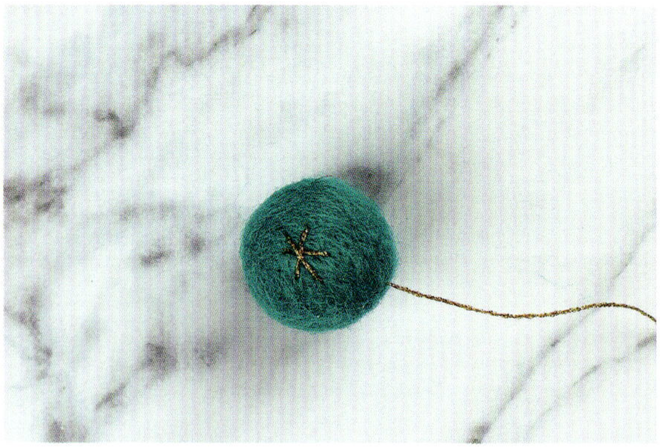

4 Jetzt kannst du die Sterne über den Filzball verteilt sticken. Wie viele Stiche du für einen Stern verwendest, bleibt dir freigestellt. Steche den Faden mit der Nadel nach jedem Stern einfach durch die Kugel und beginne mit dem nächsten Stern.

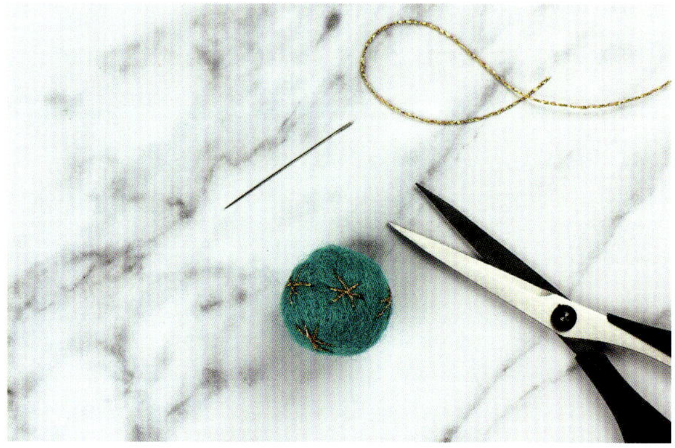

5 Ziehe die beiden Fadenenden zum Schluss in die Kugel.

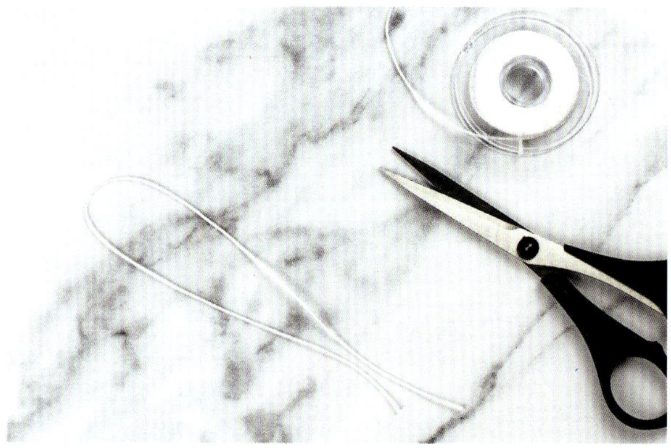

6 Schneide 20 cm Makrameeband zurecht.

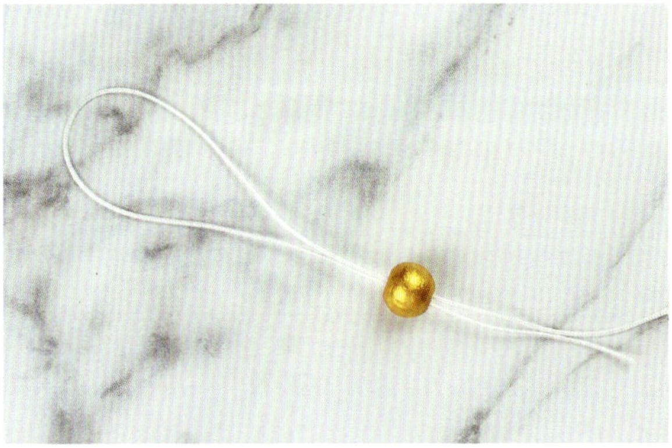

7 Fädle das Garn durch die Holzperle.

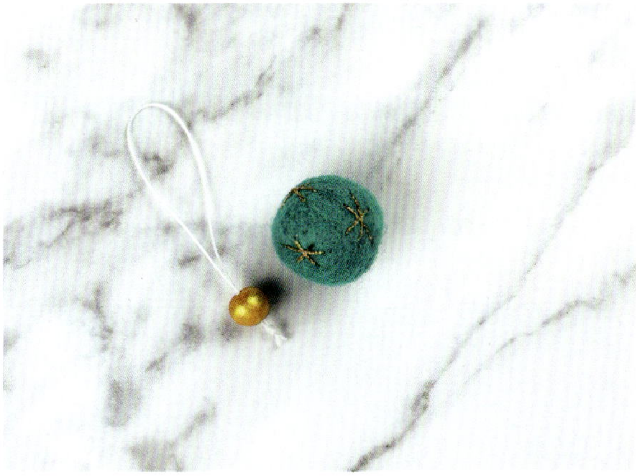

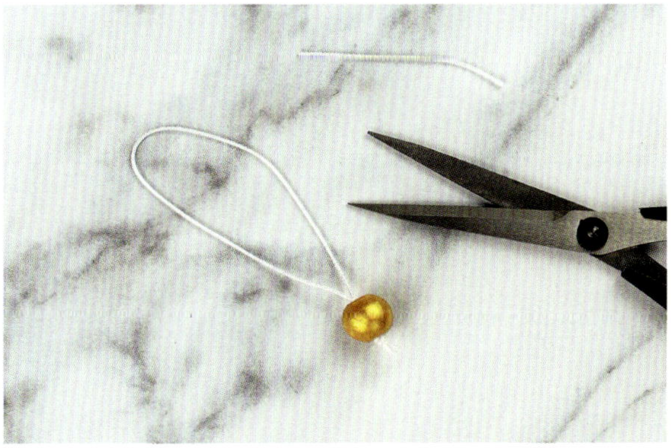

8 Mache einen Knoten und schneide die Enden knapp ab.

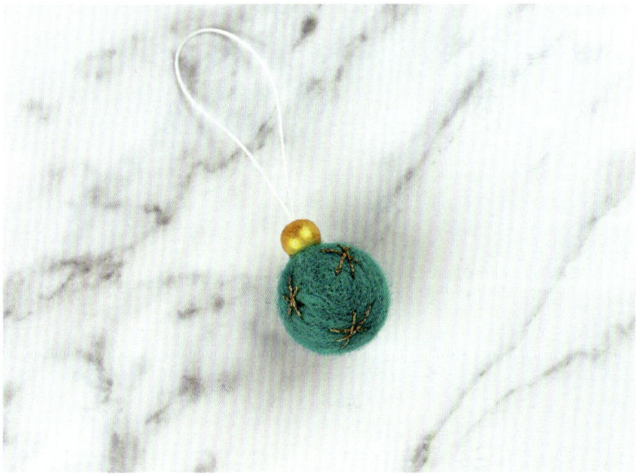

9 Klebe die Holzperle samt der Aufhängung mit einem Klecks Heißkleber an die Filzkugel.

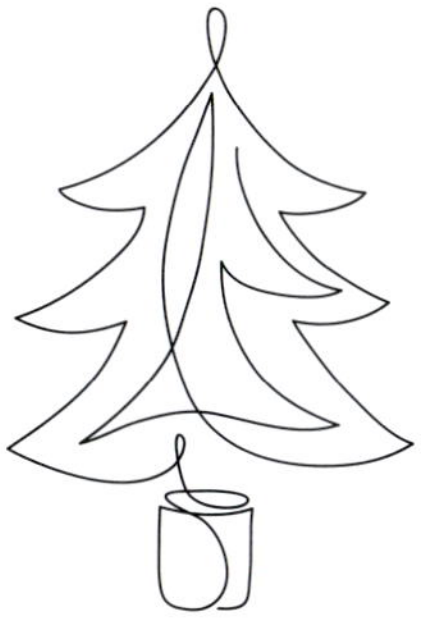

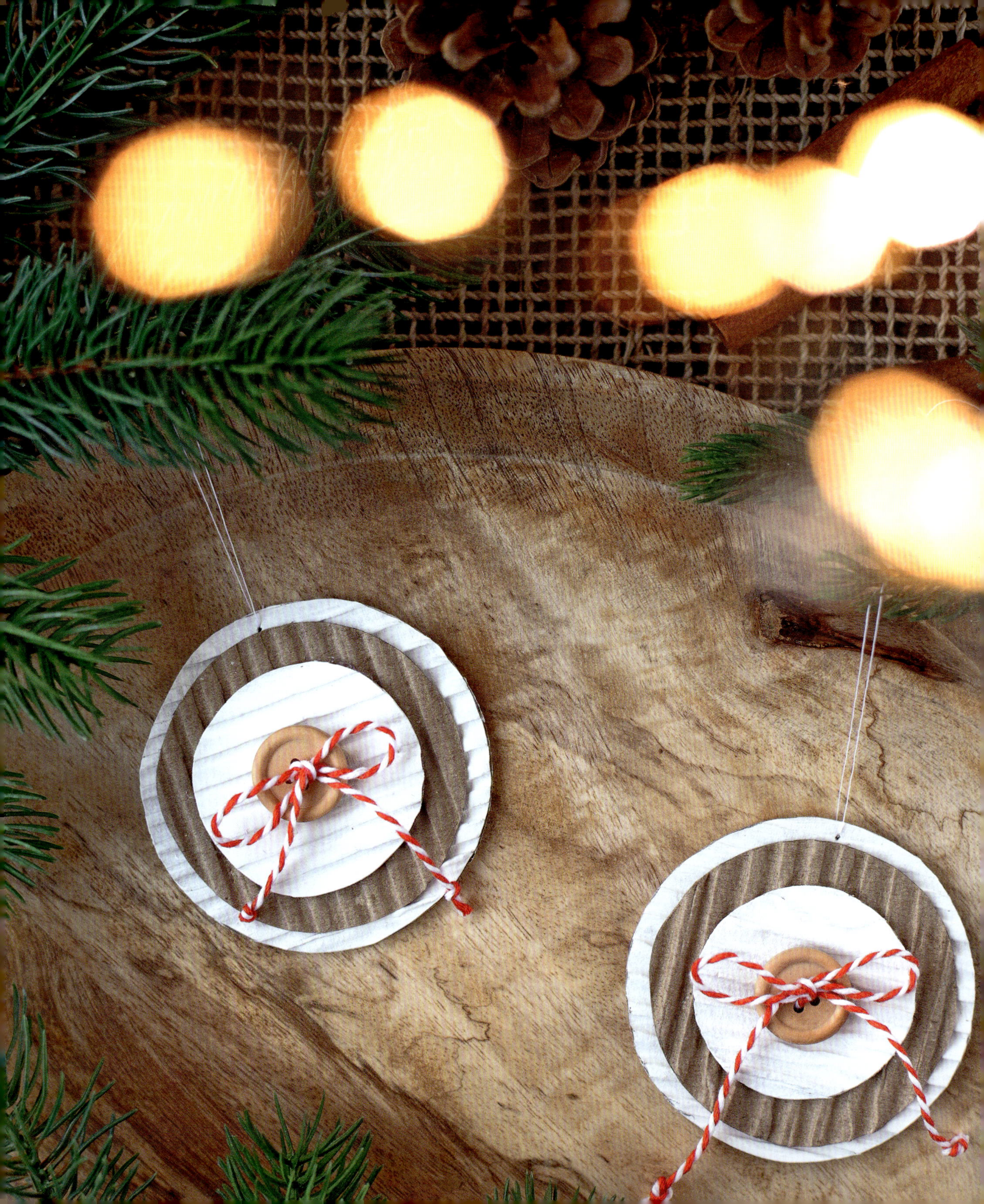

ANHÄNGER AUS WELLPAPPE

Aus Verpackungsmüll entstehen im Handumdrehen zarte Anhänger – der Struktur-Star am Weihnachtsbaum.

DAS BRAUCHST DU

Wellpappe
Chalky Kreidefarbe in Snow White (Kreul)
Holzknöpfe mit 4 Löchern
gezwirnte Kordel in Rot-Weiß
Faden
Heißkleber (Rico Design – idee. Creativmarkt)
Schere
Pinsel
Nadel

SO WIRD'S GEMACHT

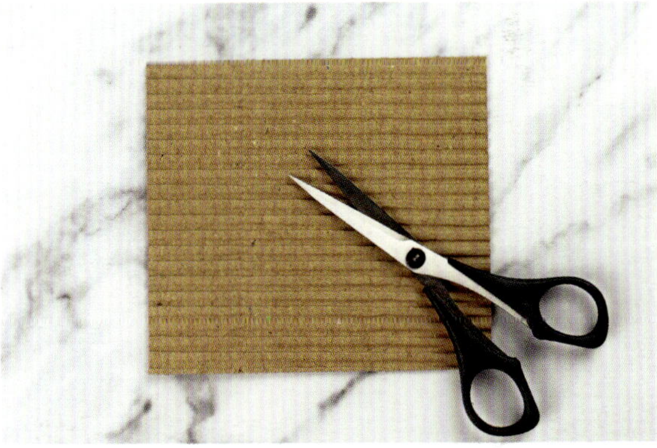

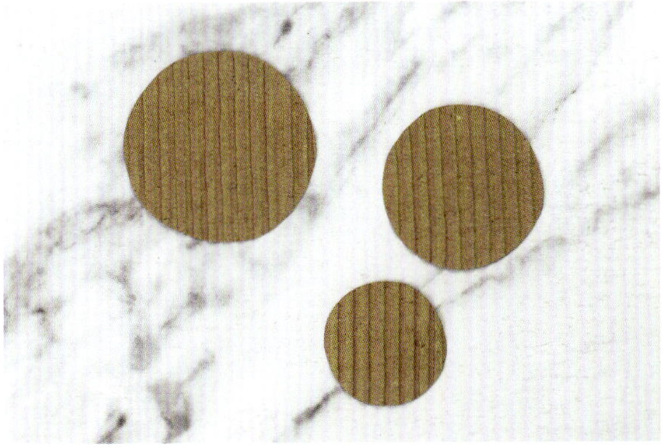

1 Schneide Kreise in drei Größen aus der Wellpappe zurecht. Das Verhältnis der Kreise zueinander sollte ähnlich sein. Du benötigst jede Kreisgröße zweimal.

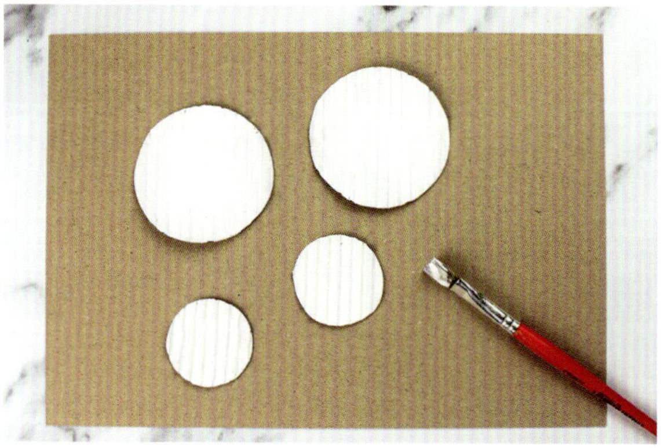

2 Male einen Teil der Kreise mit einer kontrastreichen Farbe an.

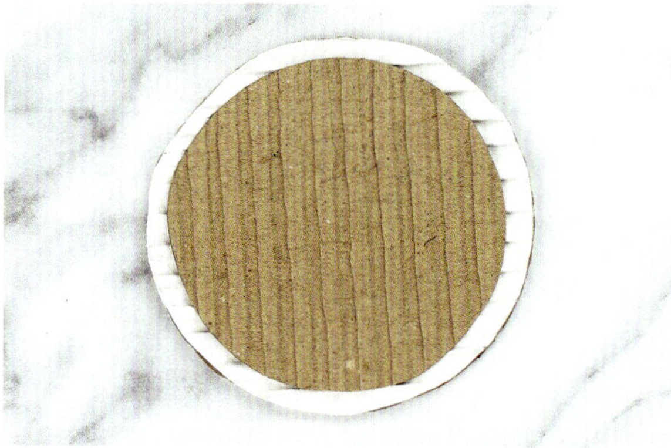

4 Die mittleren Kreise klebst du gegenläufig zur Struktur der Wellpappe auf.

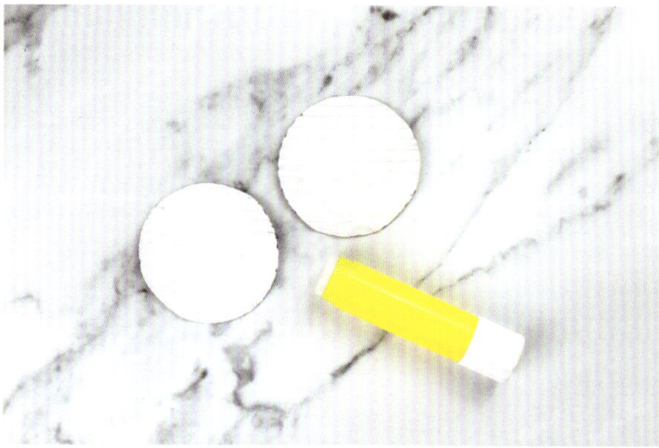

3 Im ersten Schritt klebst du die beiden größten Kreise aneinander.

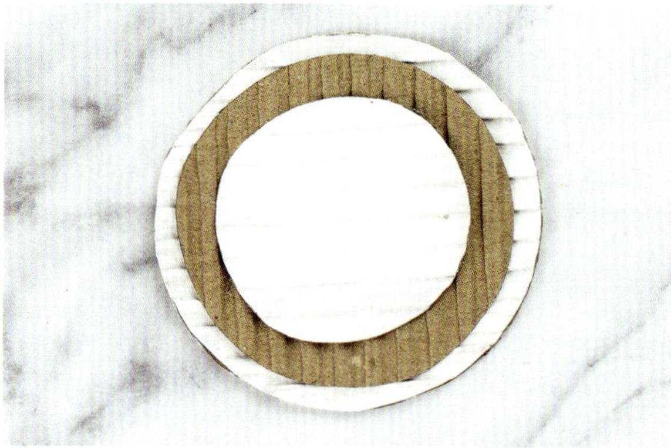

5 Die Mitte klebst du wieder gegenläufig zur Struktur des vorangeheden Kreises auf.

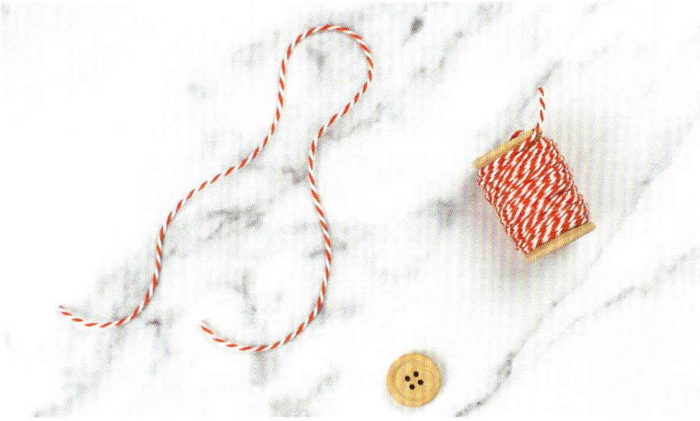

6 Schneide 20 cm von der gezwirnten Kordel zurecht.

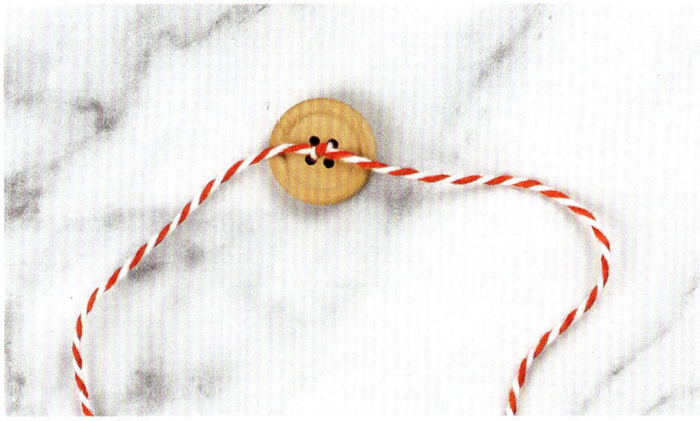

7 Fädle die Kordel von hinten durch zwei diagonal liegende Löcher und mache einen Knoten.

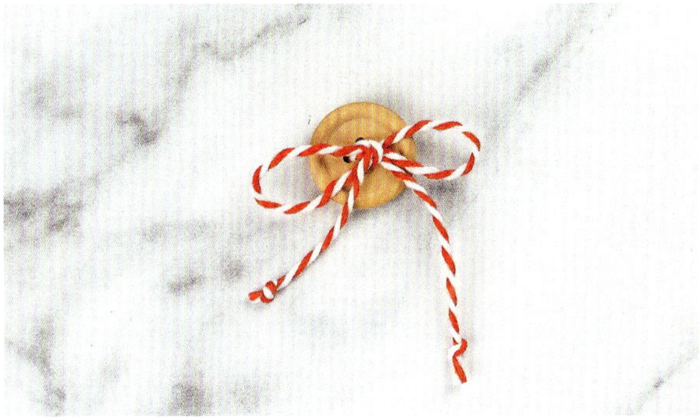

8 Binde eine Schleife und mache je einen Knoten in die Fadenenden.

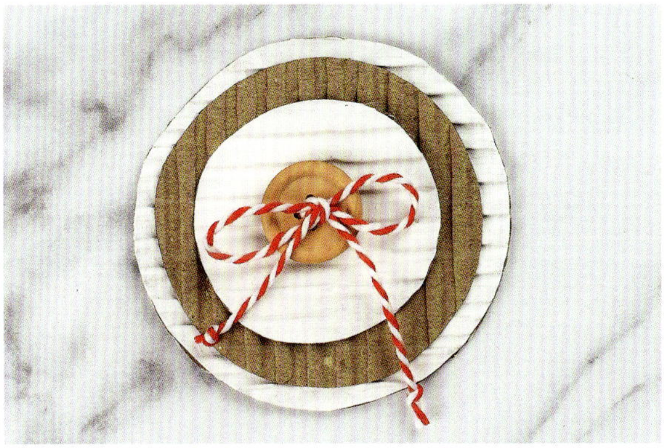

9 Klebe den Knopf samt Schleife in die Mitte. Für einen Anhänger benötigst du zwei Knöpfe.

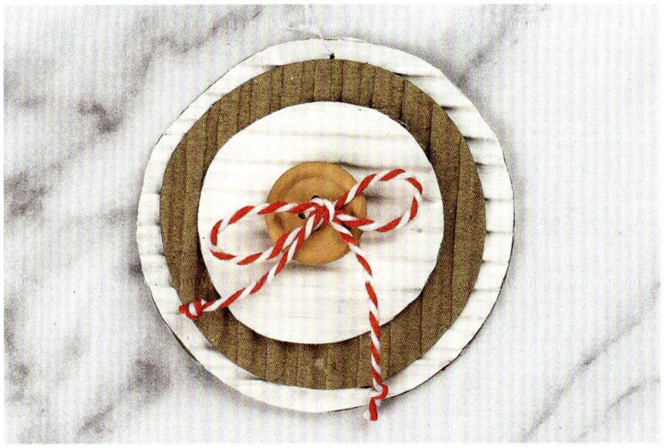

10 Ziehe ein Stück dünnen Faden mit einer Nadel für die Aufhängung hindurch.

VORLAGEN

1

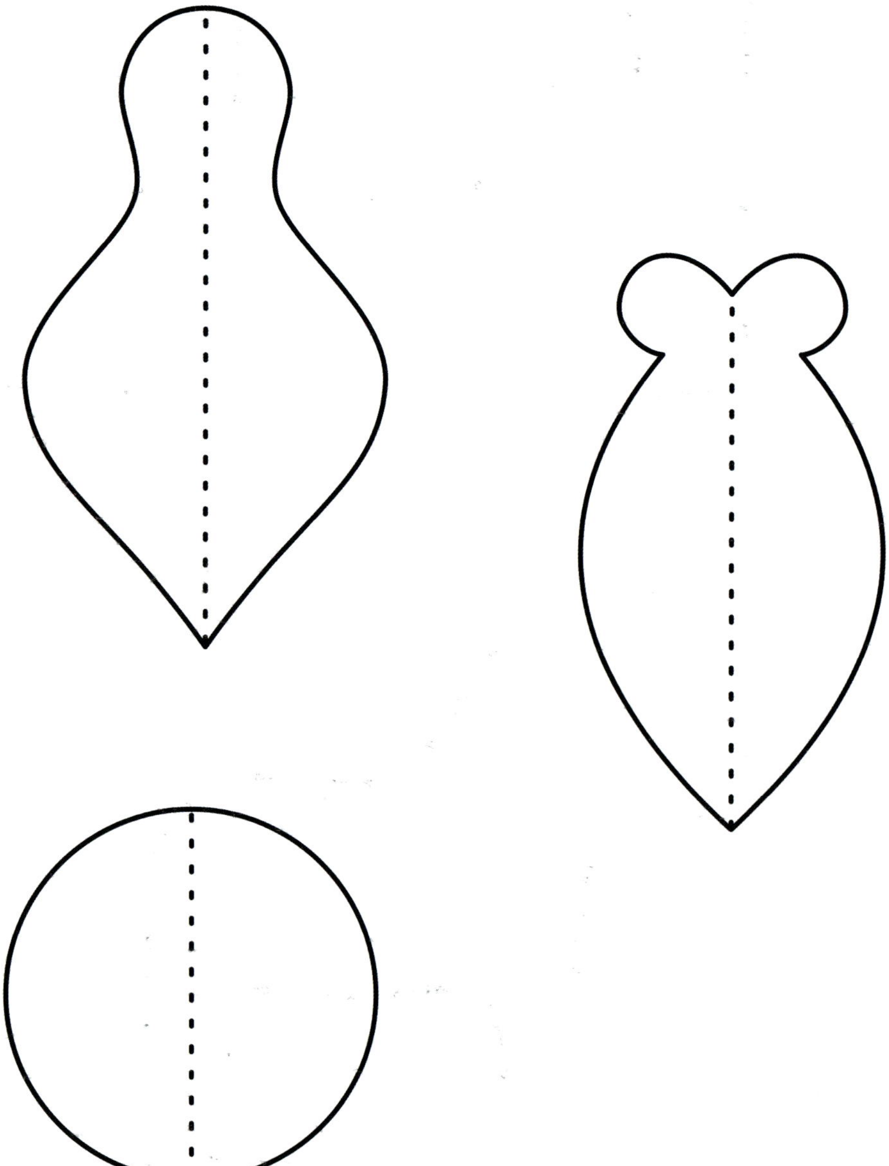

2

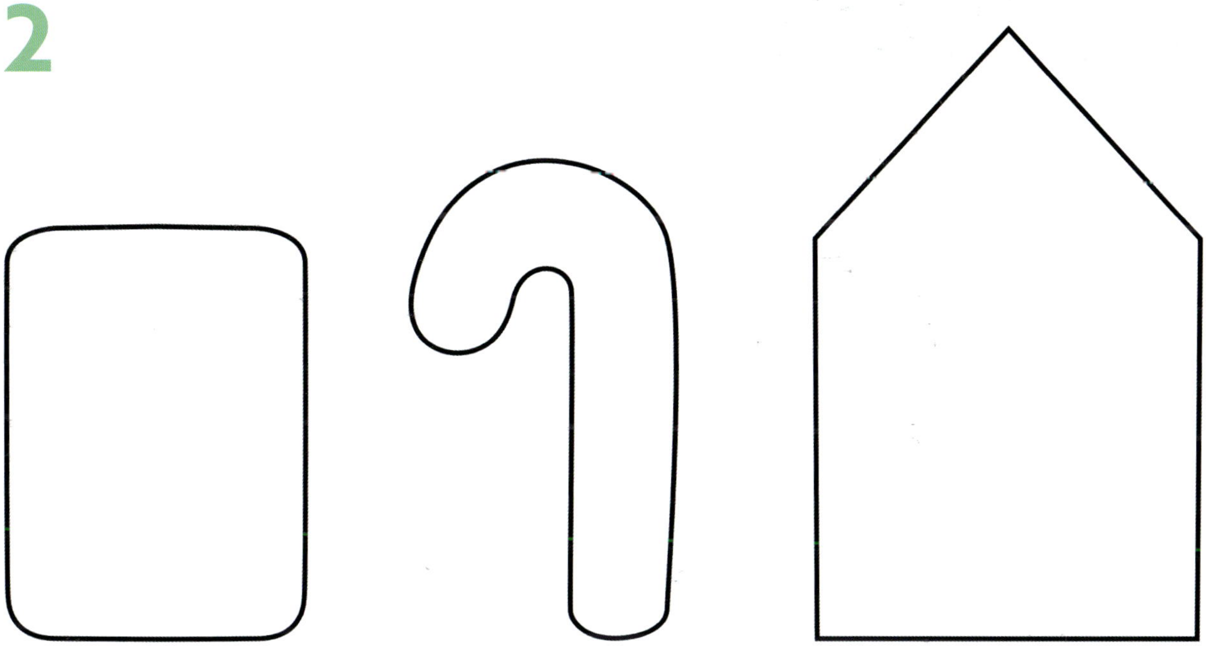

3

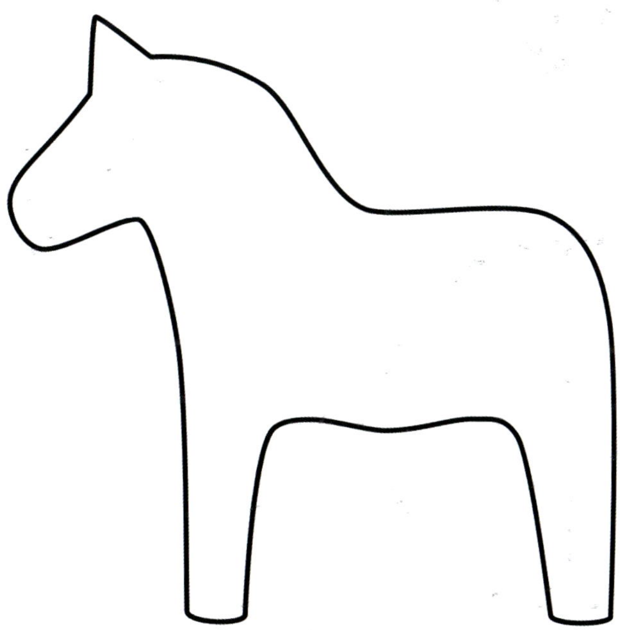

4

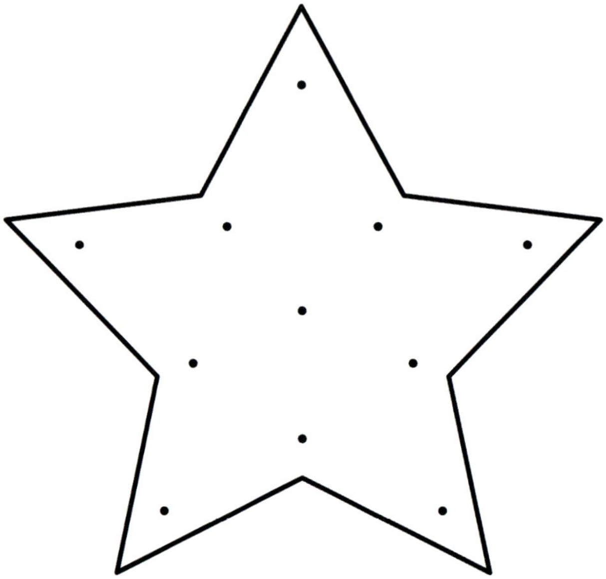

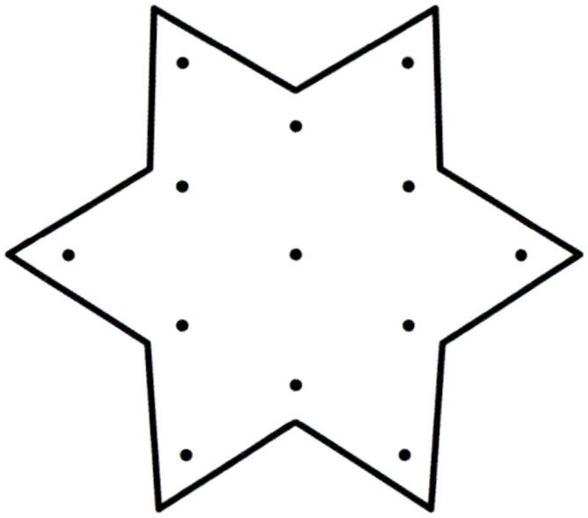

5

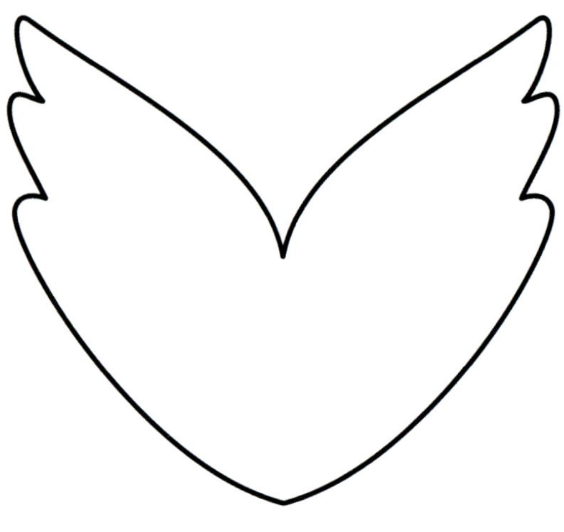

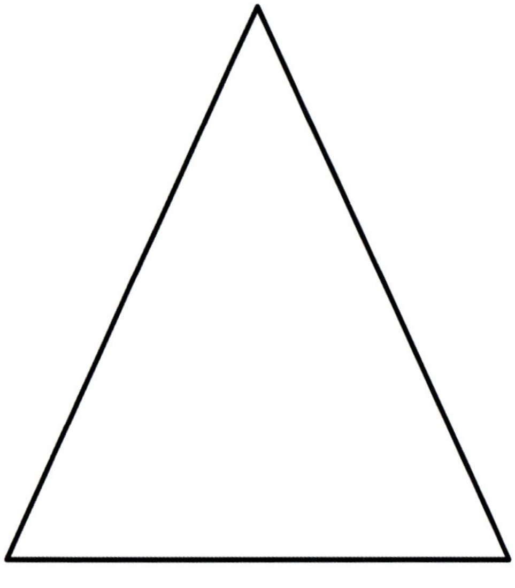

6

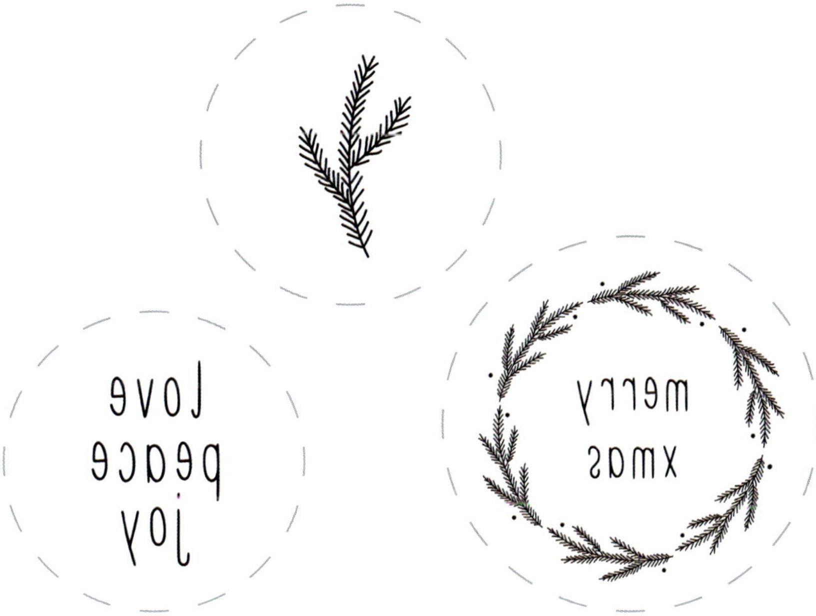

7

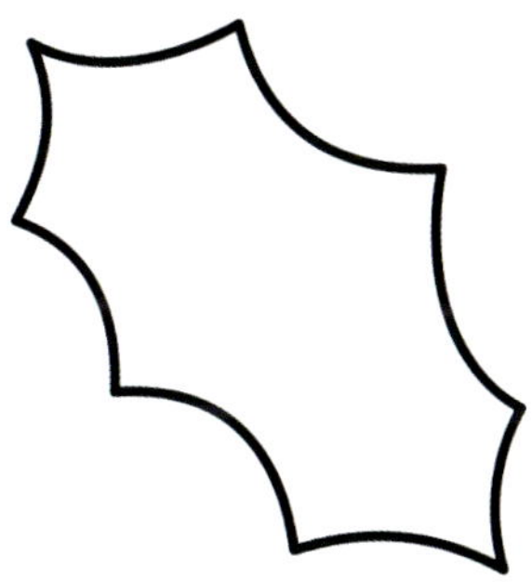

VITA

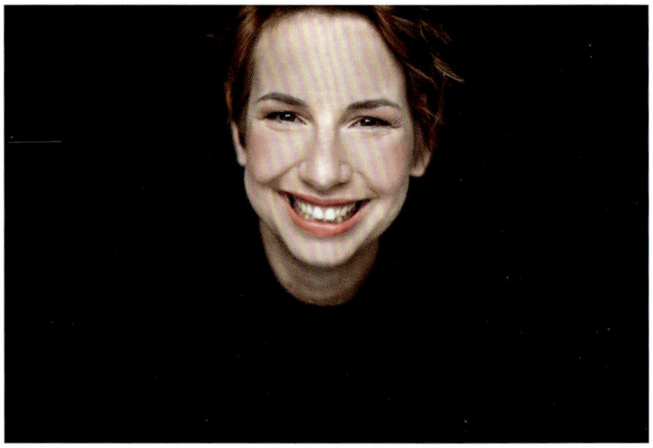

Wiebke Schröder ist DIY-Bloggerin und Content Creator. Zusammen mit ihrem Mann lebt sie nahe der Nordseeküste im schönen Ostfriesland. Auf ihrem DIY-Blog „Wiebke liebt" (www.wiebkeliebt.de) finden sich wöchentlich neue Inspirationen und Anleitungen rund um die Themen Dekoration, Upcycling, Makramee, Geschenke und Co. Auf ihrem Instagram-Account @wiebkeliebt teilt sie ihren kreativen Alltag mit ihren Followern.

HERSTELLERHINWEIS

Ich danke meinen Sponsoren für die großzügige Ausstattung mit allem, was ich für die Arbeit am Buch benötigt habe:

STAEDTLER Mars GmbH & Co. KG (FIMO® ist eine eingetragene Marke der STAEDTLER Mars GmbH & Co. KG), www.staedtler.com

C.Kreul GmbH & Co. KG, www.c-kreul.de

idee. Creativmarkt GmbH & Co. KG, www.idee-shop.com

Ebenfalls erhältlich ...

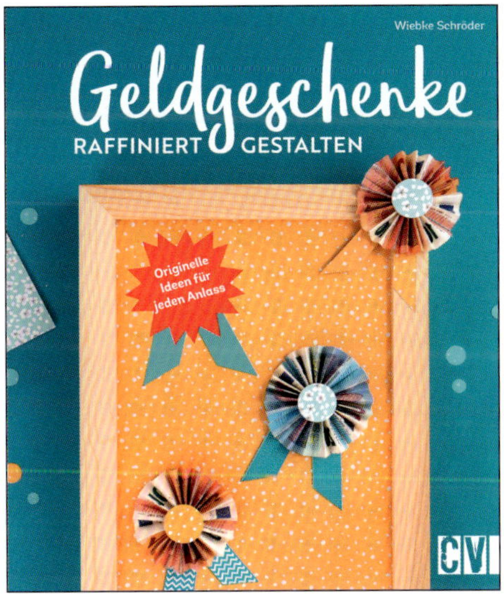

ISBN 978-3-8388-3837-3

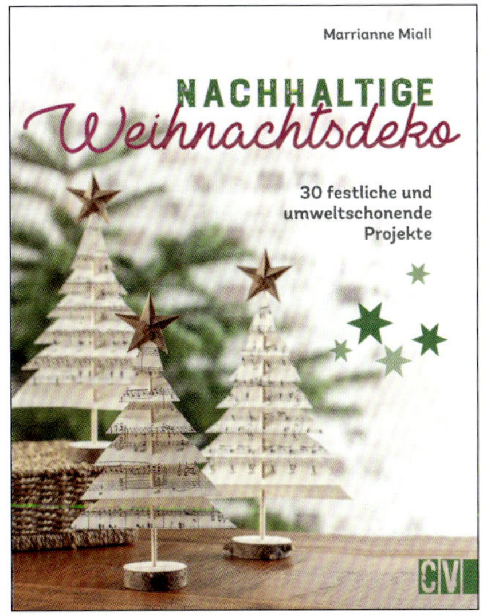

ISBN 978-3-8388-3824-3

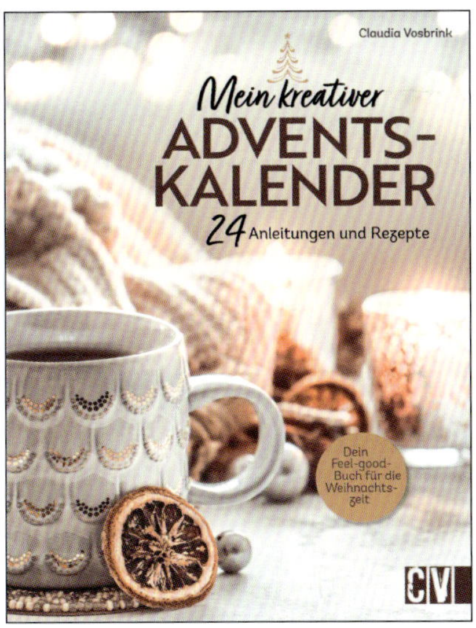

ISBN 978-3-8388-3852-6

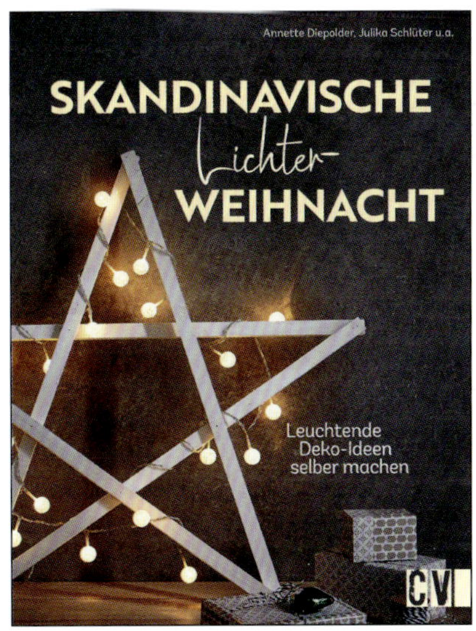

ISBN 978-3-8388-3853-3

IMPRESSUM

Autorin: Wiebke Schröder
Fotos und Styling: Wiebke Schröder
Autorenporträt: SHACE Sonja Hillebrand
Produktmanagement: Svenja Wiglinghaus
Lektorat: Anna Maier
Layout: Silke Schüler
Korrektorat: Brigitte Schnock
Umschlaggestaltung: Andreas Kersten
Repro: LUDWIG:media
Herstellung: Kathleen Baumann
Printed in Turkey by Elma Basim

Unser komplettes Programm finden Sie unter

www.christophorus-verlag.de

★★★★★

Sind Sie mit diesem Titel zufrieden? Dann würden wir uns über Ihre Weiterempfehlung freuen. Erzählen Sie es im Freundeskreis, berichten Sie Ihrem Buchhändler oder bewerten Sie bei Onlinekauf. Und wenn Sie Kritik, Korrekturen, Aktualisierungen haben, freuen wir uns über Ihre Nachricht an: Christophorus Verlag, Postfach 40 02 09, D-80702 München oder per E-Mail an lektorat@verlagshaus.de

In diesem Buch wird aus Gründen der besseren Lesbarkeit das generische Maskulinum verwendet. Weibliche und anderweitige Geschlechteridentitäten werden dabei ausdrücklich mitgemeint, soweit es für die Aussage erforderlich ist.

Die Deutsche Nationalbibliothek verzeichnet diese Publikation in der Deutschen Nationalbibliografie; detaillierte bibliografische Daten sind im Internet über www.dnb.de abrufbar.

Bildnachweis:
Shutterstock: tomertu

ISBN 978-3-8388-3838-0

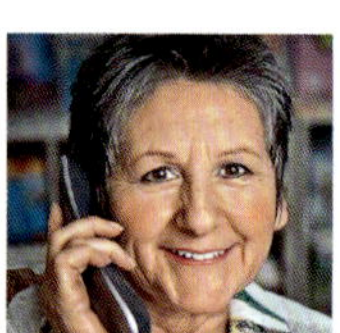

Kreativ-Service

Sie haben Fragen zu den Büchern und Materialien? Frau Erika Noll ist für Sie da und berät Sie rund um alle Kreativthemen. Rufen Sie an! Wir interessieren uns auch für Ihre eigenen Ideen und Anregungen. Sie erreichen Frau Noll per E-Mail: **kreativ-service@c-verlag.de** oder Tel.: **+49 (0)89 - 13 06 99 - 577.**

Besuchen Sie uns im Internet: www.christophorus-verlag.de & www.selbstgemacht.de